知命と立命

【新装版】

安岡正篤

人間学講話

プレジデント社

知命と立命

安岡正篤――人間学講話

「命《めい》」というのは、絶対性、必然性を表し、数学的に言うならば、「必然にして十分」という意味を持っている。自然科学は、宇宙、大自然の「命」、即ち必然的、絶対的なるものを、物の立場から研究して科学的法則を把握した。

人間も、人生そのものが一つの「命」である。それは絶対的な働きであるけれども、その中には複雑きわまりない因果関係がある。その因果関係を探って法則をつかみ、それを操縦することによって、人間は自主性を高め、クリエイティブになり得る。つまり自分で自分の「命」を生み運んでゆくことができるようになる。

我々が宿命的存在、つまり動物的、機械的存在から脱して、自分で自分の運命を創造できるか否かは、その人の学問修養次第である。

目次

III　達人の人生哲学

Ⅰ

人間学とは何か

第一章　何のために学ぶのか

徳慧の学問、即ち広い意味において道徳的学問・人格学、これを総括して「人間学」というならば、この人間学が盛んにならなければ、本当の文化は起こらない。民族も国家も栄えない。

知識の学問と智慧の学問

学問というものを分類しますと、これは見地によっていろいろにできますが、学問のもっとも根本的性質による一つの分類をしますと、これを三つに分けることができます。一つは「知識の学問」です。これは今日の学問を代表するものと言ってよいでしょう。しかし知識の学問のみが学問ではなく、学問にはもっと根本的性質の区別があります。それは「智慧の学」というべきものです。

知識の学問と智慧の学問では非常に違うのでありまして、知識の学問は、我々の理解力・記憶力・判断力・推理力等、つまり悟性の働きによって誰にも一通りできるものです。子供でもできる、大人でもできる、善人もできる、悪人もできる。程度の差こそあれ、誰でもできる。その意味では、機械的な能力です。しかしそういうものではなく、もっと経験を積み、思索反省を重ねて、我々の性命や、人間としての体験の中からにじみ出てくるもっと直観的な人格的な学問を智慧の学問といいます。だから知識の学問より智慧の学問になるほど、生活的・精神的・人格的になってくるのであります。

それを深めると、普通では容易に得られない徳に根差した、徳の表れである徳慧（「とくけい」あるいは「とくえ」と発音）という学問になる。これが聖賢の学であります。

労働知・形成知・解脱知

我々の知能の働きに関しては、こういう東洋的思惟に限らず、西洋でも同じような考え方がありまして、たとえばイギリス哲学によりますと、単に本を読んだり、暗記したりするような知性の働きのことをcogitationといっております。それがもっと性命的になるとmeditationとなり、それをさらに深めて contemplation と申しております。

また、ドイツ流をとりますと、私どもが学校でやってきたような勉強、こういう知識の学問をすることを、その性質を表明して、arbeitswissen アルバイツヴィッセン〈労働知〉といっております。これは善人が使えばよいほうに役立ち、悪人が使えば悪いほうに役立つ。使う者によってどうにもなる。そのままでは頭の機械的労働にすぎない。もっと人格に役立つ、人類の幸福・運命に役立つものは、そんな労働知ではなくて、もっと建設的という意味で、bildungswissen ビルドゥングスヴィッセン〈形成知〉といっております。それがさらに徳に根差し、徳を表現して、世俗を脱け出たものになると、erloezungswissen エルレーズングスヴィッセン、即ち〈解《げ》脱《だつ》知〉という字を用いておりまして、つまらない通俗・低級な境地を脱して聖哲であるという意味で、heilswissen ハイルスヴィッセン〈聖知〉ともいっております。西洋哲学も東洋哲学もそういう点では一致しております。

だんだん学問するにしたがって、我々がねじり鉢巻で試験勉強をするような頭の使い方、そういう知性はあまり価値がない。本当はだんだん人生の体験を積んだ深い叡智にならねばならない。

読師と導師

そこで、教育に携わる学校の先生にもいろいろあるわけで、単に本を読ませたり、暗記させたり、推理させたり、試験したりするような、単なる知識技術を教える先生はレーゼマイスター Lesemeister〈読師〉という。本当の先生は人間をつくるレーベマイスター Lebemeister〈導師〉でなければならない。世の中にはレーゼマイスターはいくらもおりますが、レーベマイスターが少ない。この師によって初めて人間が人格として、精神的・霊的存在として向上する。その向上が政治・経済・教育・百般の生活に応用されて真の文化というものになる。

そこで徳慧の学問、即ち広い意味において道徳的学問・人格学、これを総括して「人間学」というならば、この人間学が盛んにならなければ本当の文化は起こらない。民族も国家も栄えない。これは動かすべからざる歴史的真理であります。私どもが念願していることは、この大切な根本的な意味における人間学を盛んにして、これを国家生活・国民生活百般の上に実現していきたいということであります。

本当の学問というものは、立身出世や就職などのためではなく、窮して困《くる》しまず、憂

えて心衰えず、禍福終始を知って、惑わないためである。〔荀子《じゅんし》〕

人間学の第一条件

そこでそういう意味での学問ということになりますと、大事な二つの条件が存在いたします。これに比べますと、他のことは枝葉末節であります。

その根本的な二つの条件とは、つまりそういう学問の内容、目的であります。たいていの人々は、特に現代人は、学問というと多く知識の学問にとどめて、しかもそれを立身出世のため、職業のため、就職のための必須の手段としておるのであります。しかし、それでは本当の、今言ったような学問にはならないのであります。学問の本質は、今のように深く考えてくればくるほど、単なる立身出世だの、就職などの手段ではないのであります。第一条件は、もっと「人間の本質的完成のため」でなければならない。

そのことについて、私はいつも荀子《じゅんし》の論を拳々服膺《けんけんふくよう》しているのであります。荀子は孔子の門より出て、孟子《もうし》と並び称せられる人であります。日本では『論語』『孟子』は読みますが、割合に『荀子』を読みません。しかし荀子はどちらかというと、客観主義的なところがありまして、これから法治主義的思想も流れ出ているのであります。

この荀子が、本当の学問というものは、立身出世や就職などのため（通のため）ではなく、「窮して困《くる》しまず、憂えて意《こころ》衰えず、禍福終始を知って惑わざるが為なり」と言っているのであります（一六九頁に詳説）。窮して苦しまないということ、憂えて心衰えないということ、何が禍いであり、何が福であり、どうすればどうなるかという因果の法則――禍福終始を知って、人生の複雑な問題に直面しても、敢えて惑わない、という三条件を提出しているのです。

これは我々にとってまことに痛切な教えであります。確かに学問の第一条件はここにあると思うのです。窮するということ、心配事というものは、人間として常にあることで、世に処する以上、免れないことである。しかしそれだからといって精神的にまいってしまうということでは、我々の人格の自由や権威はないわけであります。

戦前アメリカに行ったとき、大学の心理学者や精神分析の大家が集まって、学生や社会人の生活と精神状態についての調査報告を読んだことがあります。

その中の重大な項目として、我々が何か困難な問題にぶつかった時とか、失敗した時とかに、自分の心に動揺を生じはしないか。どんな動揺を生ずるか。それをいかに処理し得るか。そういう困難や失敗に直面して、心に不安動揺を生じても、それが直ちに自分の生活に響くか、響かないか。心の平静を失って、そのため仕事も何も手につかなくなることがありはしないか。たとえいろいろの不安困惑を感じても、それを抑え、それを処理し、平然として変わらずに仕事ができるかどうか。これは人格を決定する、自己の価値をきめる問題として、重要な項目にしておりました。

これはつまり荀子の流でいえば「窮して困しまず、憂えて意衰えず」ということでありますす。これができて初めて我々の人格に、主体性・自主性・自立性、即ち自由というものができたことになる。

学問・道徳・宗教を修めるということは、人間がもっとも人間らしく、もっとも自然、真実に錬成されることであり、人間を廃業することではない。

高野山の快猛和尚

今ふと、とんでもない逸話を思い出しましたが、これは非常に面白い話であります。明治初年の頃、高野山に快猛《かいみょう》という管長がいたことがあります。この人は獅子ヶ岳という山の庵に寂寞として二十年一日のごとく黙々と修行していた人でありますが、それを根気よくみつめていた道雅という師が、突如としてこれを一山の長に抜擢登用したという人であります。人呼んで獅子ヶ岳快猛という。

この人はおよそ物に動じない人でありまして、何事があっても驚くことがない。そこで弟子の中に悪戯者《いたずらもの》がおりまして、「一ぺんうちの和尚をびっくりさせてみたい。そしたらどんなに愉快だろう」というので、いろいろやってみるが、何があっても動じない。平然としている。この人がいつも夜中閼伽《あか》（お供えの水）を提げて奥の院の大師の廟にお参りされる。ある闇夜、その青道心（新米の未熟な僧）が火縄銃を持って森々《しんしん》たる杉の木立に隠れていて、快猛和尚が静々と通りすぎるのを待っていきなり鉄砲をぶっ放したのであります。さすがの和尚も尻餅ついて驚いたかと思いのほか、やおら提げていた閼伽の桶を傍の石の上に置いて、おもむろにあたりを見回しながら「ああ驚いた！」とつぶやいたが、また御供水を取りあげて自若《じじゃく》として行ってしまった。そして帰ってからもなにも言わない。そこでつくづくまいってしまったという話です。これは実に面白い。

闇夜に鉄砲を撃たれて驚かぬというのは、よくよく耳が不自由か無神経な人である。生きている人間である以上、驚くのが当然である。人間は悲しいときには悲しみ、嬉しいときには喜ぶのが自然である。闇夜に鉄砲を撃たれたら驚くのは自然である。しかし驚いたからといって尻餅ついたり、持っているものを放り出すこととは別である。そういうことはうろたえたことである。びっくりしたけれども、取り乱さず、何事もないのを見定めて、平然と行ってしまった――これがいいのです。つまり、そういう感覚は感覚、そのために精神の動揺は来《きた》さない。そしてそんなことは行持《ぎょうじ》（常の仏道修行）にひびかない。それがいいのです。

白隠《はくいん》（一六八五～一七六八、禅僧。一四四頁参照）の許に参じていた有名な婆さんがいる。それと同参の居士《こじ》が非常に親しくしておりまして、婆さんを尊敬していました。ある時その老婦人の孫が亡くなって、身も世もなく嘆き悲しんでいた。そこに居士がお悔やみにいって、この男まだあまり（人間が）出来ておらぬ人と見えまして、「あなたのように禅に参じて出来た人でも孫を失えばそんなに悲しいか」と言った。するとその老婆は色をなして、

「孫が死んで悲しくないような禅なら止めてしまえ」と言った。まことにそのとおりである。

世の中には相当の人でも、道徳とか宗教とかいうものを誤り解して、道徳や宗教を修めることは、悲しんだり、喜んだりせぬようになることと思っている人が少なくない。これはとんでもないことでありまして、学問・道徳・宗教を修めるということは、人間がもっとも人間らしくなることである。人間がもっとも自然真実に錬成されることで、人間を廃業することではない。人間を木や石にすることではない。なんでもないことであるが、そういうところに非常に誤解がある。心配事があって心配するということは人間として自然のことであるが、そのために意気地なく苦しんだり、意地も張りもなくなったり、うろたえたり、仕事が手につかなくなったりはしない。平常と変わらず仕事ができるというのでなければならない。

幸と福

人生には厳として法則がある。因(始)があれば果(終)がある。終始するところがある。古人は「幸福」ということを厳しく論じております。我々は幸と福を一緒に使っておりますが、同じ好事でも我々の苦心努力によらずして、偶然他から与えられたものを「幸」という。原因を内に有する——自分の苦心努力から作り出した好事は「福」という。「幸」必ずしも「福」ではない。「福」必ずしも「幸」ではない。不幸に似た「福」がある。「幸」実は禍いであることもある。「禍いかと思えば福の倚《よ》る所であり、福かと思えば禍いの伏す所であったり、真実は誰も測ることのできないもので、その極致は容易に知れるものではない」と『老子』にも説いております。本当に何が幸であり、何が福であるかということは、これは知識では分かりません。やはり智慧でなければ、さらに進んで徳慧でなければわかりません（一八四頁参照）。

仏教では「五眼」ということを説いている。よく天眼通などという天眼、これは第二段階で肉眼以上のところであります。それから法眼・慧眼・仏眼。仏眼というものは最上の徳慧でありますが、そういう眼が利《き》いてこないと、本当のことはわかりません。

「終始」とは人生の連続であり変化である。そういうことを実にダイナミックに説いているのが東洋の易学であります。ですから易を学ぶことは自由を得る所以《ゆえん》であります。個人のみならず、民族・国家の生活にも幸福・終始がある。

新しい時代を創造するような人物は、知識の学問や技術の学問からは生まれない。やはり智慧の学問、徳の学問、そういう教育の中から出てくるのである。

興亡盛衰の通則

『三国志』の中に仲長統という人が「昌言」というものを書いて、時局に対する堂々たる評論をしております。この中に、時代にも推移・運というものがあって、混乱から革命建設の時期がある。彼は「豪傑天命に当たるの時」と申しております。

世の中が非常に乱れてくると、型にはまった人間では役に立たない。常識的な平凡な者ではどうにも話にならぬ。どうしても型破りな、自由な革新的な人間が出て――これを豪傑というのでありますが――時代の要請即ち天命に応じて、過去の沈滞を破って新しい時代を創造する。この豪傑の時代がある。

そういう人物が現れて新しい時代を創造するのであるが、これが成功して革命から建設が一通り出来上がると、やがて「継体守文」の時代となる（一〇二頁参照）。出来上がった組織・制度・文化を保守する時代がくる。こういう時代には、真面目で忠実な、間違いのない良識的な人が役に立つ。あんまり型破りの活きのいい者では納まらない。かえって害になる。

そういう保守的な時代が続くと、やがてまた沈滞してくる。今日いうマンネリズムとかコンヴェンショナリズムの世の中になる。機械的な動作を続けていると眠くなるように、型のとおりの平凡な時代が続くと、どうしても沈滞してくる。沈滞は生命の麻痺ですから、だんだん生命を失ってくる。そうすると継体守文から明らかに衰頽が見えてくる。

この衰頽の時期がくると、やがて混乱の時代になる。その頽廃混乱の時代はやがて破滅になるか、あるいはその破壊の中からまた、豪傑、天命に当たるの時となって、新しい創業・建設の時代になる。いずれの国家も興亡は民族のエネルギー・活力、これを体現する人物の有無によって決まる。

しからばそういう新しい時代を創造するような人物はどうして生まれるかというと、これは知識の学問や技術の学問からは生まれない。やはり智慧の学問、徳の学問、そういう教育の中から出てくるのである。

幕末維新の際の英雄豪傑は、やはりあの時代の精神的・道徳的な学問・教育から生まれてきた人物である。あるいはそういう学問・教育を受けないまでも、それを受けたと同じような、「学ばずと雖《いえど》も学びたりといわん」というような、自然に出来た人物、そういう素質を豊かに持っておる人物によって維新が行なわれたわけであります。時には悪党によっても革命建設が行なわれる。彼らには彼らなりの人間学を持っている。しかし悪党の成功は人類の悲惨であります。なんといっても大切なのは智慧の学問、徳の学問、即ち本当の意味の人間学であります。

この人間学の本質、第一条件は、たしかに荀子《じゅんし》が言うように、「窮して困《くる》しまず、憂えて意《こころ》衰えず、禍福終始を知って惑わざること」であります。

我々は何のために学ぶのかといえば、第一に自己の自主性・自立性を錬磨し、自由を確立することであり、それによって発達する自己を通じて世のため人のために尽くさんがためである。

人間学の第二条件

第二の条件は、こういう精神・学問を修めることによって、「自ら靖んじ、自ら献ずる」ということである。これは『書経』の中の言葉でありますが、平たく言えば、内面的には良心の安らかな満足、またそれを外に発しては、なんらかの意味において世のため、人のために自己を献ずるということである。内面的には自ら靖《やす》んじ、これを発しては世のため人のために尽くすということ、これなくしては人間ではない。動物となんら異ならないのであります。

人間はみな職業を持っております。社会学者は職業に二つの意味を説いている。その一つは、それによって生活を営む手段とすることである。しかしこれは誰しも免れない条件ではあるけれども、それだけでは尊い意味はない。職業の大切なことは、それが生活の手段であるということのほかに、その職業である仕事を通じて何らかの意味において世のため、人のためになるということである。これあるによって職業は神聖であるということができる。これあるによって進歩がある。

したがって我々は何のために学ぶのか、何のために教学を重んずるかといえば、第一に自己の自主性・自立性を錬磨すること、自由を確立することであり、進んでは、それによって発達する自己を通じて、何らか世のため人のために尽くさんがためである。そのために学び、そのために教学を重んずるのである。

この二つの条件を除いては、他は枝葉末節でありまして、この二点において相通ずるところがあれば、その学が儒教とか仏教とか老荘とかキリスト教とか神道とか何であるかは敢えて関することではない。融通無碍《むげ》である。性に任せ、縁に随《したが》ってよろしい。したがって我々の教学は敢えて一宗一派を立てて、他を排するというようなことを欲しない。

道楽と極道

我々の仲間には、特に私などは、いささか好むところがありまして、李白《りはく》ではありませんが「天地は万物の逆旅《げきりよ》（はたごや）にして、光陰は百代の過客なり」。人生というものは宇宙の旅、いわゆるマゼラン航路にひとしい。自然の到るところに名山大川があるように、古今東西、いろいろ英雄哲人碩学賢師がある。そういう尊い人、その教学を、生きている間にできるだけ遍参し、これを楽しもうという道楽趣味が非常にあるのであります。わざわざ門戸を立ててこれに閉じこもるなどと狭苦しいことは、私はかつてしたことがない。

私は「道楽」という言葉を非常に愛する。楽道――道を楽しむということより、道が楽しいのである。これをつきつめると「極道《ごくどう》」ということになる。道を極める。日本人はなかなかいい言葉を使ったものであります。私はいい意味において道楽者である、極道者であることを楽しみとする者である。

師友協会は各種各様の道楽者の集まりといってよいと思うのであります。したがって何宗何派が集まっても少しも摩擦を生じない。根本において相通ずるものがある限り、そこは自由自在であります。ですからいろいろの人々が集まっていてもおかしくない。決して雑然たる集まりとはならない。我々の学問、教学は断じて雑学ではないのであります。その本質において一脈相通ずる、お花畑であり、菜園であるわけです。

一般の人間学、人間教育というものは、農家が菜っ葉大根を作るように、出来のいいものも悪いものも一様に可愛がって、瓜は瓜なりに、茄子《なす》は茄子なりに作り上げることである。〔細井平洲《ほそいへいしゅう》〕

細井平洲の教育論

私の好きな学者・教育家の一人に細井平洲《ほそいへいしゅう》（一七二八〜一八〇一、江戸中・後期の儒学者）という人がいます。この細井平洲が江戸の芝神明町にまことに気の毒な貧乏世帯を張っていたころがある。彼に年老いた父があった。そこに彼の親友の夫婦と、妻を失ったもう一人の親友とその子供、つまり三世帯合同の世帯をもっていた。堂々たる大邸宅での生活ではない。九尺二間の長屋の中にひしめきあって、今日のモスクワか北京あたりによくあるような、まことに狭い所に三世帯が一緒になって、五年も暮らしておったのです。ところが隣近所の人々は、他人の集まりとは誰も知らなかった。そして平洲の父を羨んで、「まったく世の中には幸福な人があるもんだ。あの選《よ》りに選って立派な三人の息子と、よく出来た嫁女。温順な孫にかしずかれて大切にされている。あんな幸福なおじいさんがまたとあろうか」と、評判していた。

人間にこういうことができるということは、やはり人類に平和があり得る、世界平和を実現し得るということを証するものであります。これができなくては、世界の平和などということは空論であります。私はいつも平和論、友好親善論を聞くと、平洲先生のことを思い出すのであります。

この平洲先生が教育を論じている。

「本当の教育というものは、菊を作ったり蘭を作ったりするのとは違う。農家が菜っ葉大根を作るのと同じことである。菊作り、蘭作りというのは特殊教育、特別な人間が特別な目的でやることであって、一般の人間学、人間教育というものは、農家が菜っ葉大根を作るように、出来のいいものも悪いものも一様に可愛がって、瓜は瓜なりに、茄子《なす》は茄子なりに作り上げることである」

韓退之《かんたいし》（韓愈《かんゆ》、七六八〜八二四、唐の思想家・文学者・政治家）の説によると、本当の医者は牛溲《ぎゅうしゅう》・馬勃《ばぼつ》・敗鼓《はいこ》の皮、即ち牛の小便でも馬の糞でもボロ太鼓の皮でも、ちゃんと薬の用に立てると論じております。これを難しくいえば「万民をしてその所を得しむ」ということ、こういうところが教学の真髄であろうと思います。我々の教学はこういう見地に立って、またそういう信念を持ってやってきているのであります。

第二章　伝統と節義に基づく人間学

人間学との縁結び

　私がこういう「人間学」というものに縁を結びましたのは幼少の頃からで、もちろんはっきりした自覚はありませんでしたが、私の少年時代、父兄が非常に客を好んで、神官といわず、儒者といわず、僧侶といわず、詩人といわず、広く交わっておりました。そしてそういう雅客が来た時に、子供をお給仕に侍座《じざ》させることを常としたものでした。今日思うに暗々裡に感化を受けさせたいという父母の慈悲であったと思うのですが、これは非常に意味があることであります。

　最近教育の実験で、音盤を子供の眠っている枕元で、目を覚まさないように静かに繰り返し聞かせるということをやっております。もちろん子供はなにも知らない。翌朝その子供たちにその音盤の内容を改めて話して聞かせる。すると非常に早く覚える。音盤をかけなかった子供はなかなか覚えない。決して能力の相違ではなく、多少頭の悪い子供でも、睡眠中そういうふうに聞かせた子供は非常に早く覚える。というのは、人間には潜在意識というものがあり、我々の現動意識というものは潜在意識のごく小部分にすぎない。大事なことは潜在意識に徹するということであります。

私も音盤をかけられた眠れる子供と同じことでありまして、幼少の時代に儒者・神官・僧侶その他いろいろな人物に接した。それが意識的に表れたのは、私が第一高等学校に入った頃であります。田舎の中学から都の高等学校に入った。ちょうど大正五年（一九一六）から、つまり第一次大戦の最中から後、当時洋行帰りの新進教授がだんだん大学の講壇に立たれるようになった。私は胸を轟かせて帽子を懐にねじこみ、大学の教室に紛れこんでよくその講演を聞いたものです。いく人も聞きましたが、名前は遠慮いたします。田舎の中学生上がりの学生が胸轟かせて新帰朝の教授の講演を聞くのですから、なるほど新しい時代感覚がある。なにか確かに魅力がある。しかしひそかにどうすることもできない不満というか、疑惑というか、しばしばそういうものを感じました。それは、「なんだか変だぞ！」という感じ。薄っぺらというか、気障《きざ》というか、ちょこまかというか、期待したような重量感というようなものがない。もっと偉い人かと思ったら、なんだかおっちょこちょいだなというようなことを感ずるのです。かえって昔接した先生方に——頑固な人、時代遅れの先生と思っていたのが——比べてみると、どこか真実の迫るもの、人間としての重量感といいますか、こくがあるといいますか、なにかdignity品位といったようなものを感ずる。これはおかしいということをしばしば感じました。これが私をして人間学に赴かせる有力な動機となりました。

なにしろ私は四書五経、『日本外史』『十八史略』『太平記』『源平盛衰記』といったようなもので育ったものでありますが、それがいきなり第一高等学校にとびこんで、初めて無政府主義、社会主義、共産主義などというもの、それから外国語・論理学・心理学・倫理学・社会科学などを知ったのです。まあ初めてで珍しいものですから、熱心にやりました。マルクスの資本論なんか英語版とドイツ語版とそろえて研究会もやりました。なかなかその頃の学生はよく勉強したものであります。そういうものを夢中になってやるんですけれども、やればやるほどじれったくて、いらいらする。精神的空虚を感ずる。これは私が田舎の中学生上がりで、近代の学問に未熟のせいだと思って、一所懸命やる。しかしいくらやっても、どうしてもその精神的空虚や焦燥の感を免れない。

そのときふと昔読んだ東洋の古典を読みますと、ちょうど飢えたものが一椀の飯にありついたというか、渇せる者が一掬《いっきく》の水にありついたというか、不思議な満足感を覚えるのです。その時から私は、東洋の歴史的伝統的な学問と、西洋近代の社会科学、精神科学、哲学というようなものとの間に微妙な相違がある、これを突きとめなければならないという要求を痛感しました。

そういう体験がついに私をしてとうとう一生このとおりの老書生で終わるに至らしめた原因であり、馬鹿の一つ覚えでそれを一生やってきたというわけであります。しかしこれは東西文化、世界文化の将来にも関する非常に根本的な問題であります。実は馬鹿ではない、内心ひそかに満足を感じて、今後も生命のある限りこの追究を止めないつもりです。

佐野学《まなぶ》氏（明治二五〜昭和二八、日本共産党初期の指導者。のちに転向）が亡くなられる前に訪ねてこられて、私のこの体験を非常に敬虔《けいけん》に耳傾けて共鳴された。意外な共鳴者を得て喜んだことがあります。最近、『佐野学全集』第四巻の序文を請われてさような感じの一端を書かせてもらいました。そういうことを内面的に体験すると同時に、やがて私は大学時代から革新運動にも接しました。

歴史的・伝統的な深い人間学、正しい節義、そういうものを失って、近代の非常に非人間的なイデオロギーと、それに粉飾、カモフラージュされた野心とが大荒れに荒れたということが、(昭和敗戦の) 大破滅を招いた最大原因であります。

日本破滅の原動力

私が高等学校の学生の時分に、「忘年の交」といいますか、妙なご縁でその知遇を得た沼波瓊音《ぬなみけいおん》先生は国文学の教授で熱烈な愛国者であります。難波大助《なんばだいすけ》が皇太子殿下 (昭和天皇) を狙撃したとき、先生は痛憤して、熱烈な長編の詩を発表しました。その詩は詩人的直観でその後の日本を洞察しています。先生は私に、「日本民族・日本国家の運命に不吉・不祥な事件がこれから起こる。日本の将来は非常に憂慮すべきだ。これはそのきっかけである」と語られたことがありますが、その沼波教授が「どうしても君を紹介したい人がある。僕が案内する」と言って、わざわざ自分で千駄ケ谷（東京）の猶存社《ゆうぞんしや》に案内された。

そこに北一輝《きたいつき》氏（明治一六〜昭和一二、国家社会主義者）を中心として、満川《みつかわ》亀太郎氏らほか永井柳太郎、中野正剛氏らも知りました。そのとき大川周明《しゆうめい》氏（明治一九〜昭和三二、国家主義者。北一輝、満川亀太郎らと猶存社を結成）は満洲を旅行中でしたが、北氏がすぐに満洲に手紙をやって「早く帰ってこの青年に会え」という通知をしたそうです。帰ってきてすぐ電話があって、また沼波先生に連れられて会ったのが大川さんを知った始まりでありました。それからの縁で私は初めて日本の民族運動、革新運動というものを体験しました。それと同時にちょうど今日の戦後の社会的混乱の前例ともいうべき当時の実情を体験しました。そして非常に考えさせられ、学ぶところがありました。

あのときの日本の一番の欠点は、第一次大戦に漁夫の利を占めて、世界各国の非常な不幸・禍いを種にして日本が金儲けをした。津々浦々に札ビラが舞い、成金が出て、好景気に酔ってしまった。日本人が従来の伝統的な良識や節義を失って、唯物主義・功利主義・享楽主義・デカダン生活をほしいままにした。そこへ戦後の無政府主義、社会主義、共産主義というような、懐疑的、破壊的、虚無的思想の影響があって、国を挙げて精神的・道徳的あるいは敬虔な宗教思想を失ってしまった。左翼は外国の真似に走り、右翼はそれに対抗しながら、やはり多分に時代の悪風にかぶれた。これが日本を恐るべき破滅に駆りたてた原動力であります。我々は今日も、これを深く反省しなければならぬと思うのであります。

王永江と張作霖

ところがこの点は日本ばかりでなく、満洲や中国においてもさようでありました。満洲事変当時、張作霖《ちようさくりん》軍閥が蟠踞《ばんきよ》しておったのでありますが、この張作霖がもう少し中国伝統の思想学問を修めていたならば、私はこういう東亜の悲劇は免れ得たと思う。

当時満洲に王永江《おうえいこう》という人がいた。彼は満洲の諸葛孔明《しよかつこうめい》といわれた人で、本当の名宰相でありました。この人が張将軍のために熱心に保境安民策を進言した。これは「中原に進出して天下を制するという野望を起こさずに、もっと満洲に善政を布《し》きなさい。そうして隣国日本その他と、つとめて隣邦の誼《よしみ》を正しゅうして、もっぱら三千万民衆の安寧幸福をはからなければならぬ」というのです。彼の補佐によって張作霖は非常に力を養ったのでありますが、実力がついてくるにしたがって、彼は満々たる野心の抑えようがなくて、ついに禁を破って中原に進出した。王永江氏は慨嘆して、袂を分かって郷里金州に隠棲してしまった。その頃、私は王氏を訪ねて学を論じたり、詩を語ったりして、互いに大いに共鳴しました。その後日本に遊ぼうとして、盟友の岩間徳也氏を使いにして私方（金雞学院）に寄こされましたが、たまたま急病で倒れてしまった。惜しい人物でありました。

張作霖はとうとう彼（王永江）の予言どおり失敗してしまったわけであります。なんでも閑院宮（閑院宮載仁親王、慶応元～昭和二〇、皇族・軍人〈元帥〉）があるとき張作霖を訪問された。張作霖は宮を見送って茫然といつまでも玄関に立っているので、部下が「閣下、どうされたんですか」と促したところ、「やはり王者は大したもんだ。人間は王者に限る」と申したそうでありますが、彼が中原に王たらんと欲するようになった一因には閑院宮の影響もあるかもしれません。そのために張作霖は没落を招いたわけであります。

日本が満洲に発展するとともに、満洲国がせっかく「王道楽土の建設」ということを標榜したのでありますから、日本が今少しく謙虚に慎重に、満洲当局と力を合わせて、言葉のとおり王道楽土の建設のために努力する、王永江のいわゆる保境安民政策をとって慎重に力を養ったならば、これまた歴史を変えたであろうと思う。

ところが満洲事変の思わざる成功によって、北京にいる者、天津にいる者、上海にいる者、その他アジア各地にいる者、また日本内地にいたそれらの同志者、そういう国民の血の気の多い人々に、当時いわゆる建国病というものが蔓延した。「功名富貴手に唾《つば》して取るべし」という野心が日本の朝野に勃興した。この野心が大いに国を誤ったのであります。日本自体の革新運動もその傾向を強くした。そして歴史的・伝統的な深い人間学、正しい節義、そういうものを失って、近代の非常に非人間的なイデオロギーと、それに粉飾、カモフラージュされた野心とが大荒れに荒れたということが、(昭和敗戦の)大破滅を招いた一番の大きな原因であります(一〇七頁参照)。

現代を反省考察してもそうであります。敗戦降伏、連合国軍の進駐管理による打撃等も、その外面的なもの、経済的なものは、まだ容易に復活いたします。あたかも外科的な傷害は割合に早く治るが、年久しい間にだんだん侵されて発した内科的疾患は容易に治らないのと同じことでありまして、日本の内面生活、日本の精神生活に加えられた打撃は非常に治りがたい。今日もそういう意味で国民が精神性・道徳性・内面性というものを真剣に培養しないで、このまま時の赴くがままに任せるならば、間違いなく前述の保守主義、継体守文はマンネリズムの極、必ず衰頽混乱に陥る。これを破滅破亡に向かわせず、また新たなる革命創業、それも売国的左翼革命ではなく、真の維新に向けようとするには、どうしても豪傑天命に当たるという、即ち形式にかかわらない、型に捉われない、本当に民族的精神の躍動する新たな思想行動力をもって新しい境地を打開する先覚者・先駆者の自靖自献――靖献運動が必要であります。それができなければ間違いなく早晩混乱に陥る。どうかすると暗黒時代、あるいは恐怖時代を日本に招来しないともかぎらない。

地獄の一番熱い所は、道徳的危機に臨んで中立を標榜する輩の落ちる所である〈ダンテ『神曲』地獄篇〉

そこでこの時局を安定させるためにも、いわんや救済するために必要なことは、やはり人材を輩出させるということであります。人材を輩出させるということは、結局従来のような機械的・功利的・唯物的・階級闘争的な、きまりきった思想・イデオロギーというものに捉われない、もっと活き活きとした自由な正しい思想、情熱、言い換えれば歴史的・

伝統的精神の新しい躍動を示す民族の代表的人物を出すということであります。

真に新しいものは、必ず古いものから生まれるのでありまして、突如として出るものではない。たとえば鎌倉時代に新宗教ができたといっても、道元《どうげん》にしても、法然《ほうねん》にしても、親鸞《しんらん》にしても、日蓮《にちれん》にしても、まったくなんにもなかったところに初めて彼らの新仏教を開いたのではないのであります。今日非常に熱烈な新興宗教は日蓮宗系に多いのですが、これは日蓮の人物・信仰・学問が情熱的・行動的であったということも要因ですが、これとてちっとも珍しくない法華経から出ているのであります。幕末維新の人物といっても、これまた徳川三百年間の儒教、仏教、国学から出ているのであります。真に伝統に立つことによって初めて新しい何物かが生まれるのであります。懐疑主義・虚無主義・否定主義からは何物も生まれない。

パスツールという人は、皆さんご承知のごとくフランスの細菌学のオーソリティーであり、世の病人に非常な救いの光明を与えた人類の恩人でありますが、彼がかつてソルボンヌ大学での記念講演でしみじみと、「諸君は何物をも生むことのない懐疑主義・虚無主義にかかってはならない。諸君はどんな小さなことでも敬虔によく学びよく修め、そうして自分の学問研究がなんらかの意味において世のため、人のためになるということを念じて努力しなければならない」と学生たちに語りました。

なんとかして現代の虚無主義・享楽主義・懐疑主義・伝統に反抗する曲学阿世《あせい》の影響を排除して、この日本を真に権威のある維新に向かわせなければならないと念願する――というよりも、私は悲願しているのであります。

こういう精神的・道徳的危機に臨んで漫然と傍観している――しかも狡猾なものは、中立とか批判とかの美辞に隠れていい気になっておりますが、ダンテの『神曲』を見ますと、その地獄篇に、「地獄の一番熱い所は、道徳的危機に臨んで中立を標榜する輩の落ちる所」となっている。これは非常に面白い。さすがはダンテ、詩人の智慧であります。こういう時にこそ智慧を働かせて、我々は本当に真理を把握して、男らしく靖献せねばなりません。

中立主義者は、ネール、ネールと盛んに引用していますが、ネールもガンジーの弟子であります。自分の信念見識に立って勇敢に行なっている。ああでもない、こうでもないと、ふらふらすることなく、ガンジーのように敢然と所信を遂行することであります。それにはなんといっても人間学的修行が要《い》る。

近頃の日本はなにかというとヨーロッパやアメリカから引用しないと聞かない悪習が絶えませんので、例を取りますが、ヤスパース（Karl Jaspers 一八八三〜一九六九。ドイツの哲学者）は現代世界の行き詰まりに当たって、「我々は今こそ新たに東洋の古典に学ばなければならない」と言っております。

かねてからこの師友協会で郷学というものを奨励し、郷土の学問、郷土の先哲の学問なり遺業を研究し、表彰する。たとえば中江藤樹（一六〇八〜四八、江戸前期、近江の儒学者）であるとか、細井平洲であるとか、大原幽学《ゆうがく》（一七九七〜一八五八、江戸後期の農民指導者）であるとか、広瀬淡窓《たんそう》（一七八二〜一八五六、江戸後期、豊後日田の儒学者）とか、吉田松陰《しょういん》とか、全国いたるところ郷学の種のないところはありません。これを心ある人々が情熱をもって新たに研究し、新たに顕彰したならば、この日本の思想や風俗はある時期がくると一変いたします。

物理学流行の今日ですが、マックスウェルというイギリスの有名な物理学者が回想録を書いております。その中に、科学というものは、なるほど法則、即ちものの普遍性、連続性などをもっぱら研究するが、同時に科学者はシンギュラー・ポイント singular point というものを常に忘れてはならないと説いています。これは「特異点」と訳しますか、即ち平常なんでもないものが、ある時期に大きな反応を起こすことがある。具体的にいうと、一本の煙草の吸殻が大きな山火事を起こす。また第一次大戦のように、セルビアの一青年がオーストリアの皇太子を傷つけたサラエボの一弾からあのような大戦争が勃発した。我々のなんでもない一言、一行為が長い間の苦心、大事な仕事をふいにすることもある。そのシンギュラー・ポイントというものが、個人の生活にも、国家にもよくあるのであります。このためにちょっとしたこと、思わざる出来事が大局を変えるのです（四八頁参照）。

練れた心

今の日本にはシンギュラー・ポイントがたくさんある。これに処するには心がけのできた人、修練のできた人でなければならぬ。これを現代の心理学者も「mature mind 熟達し練れた心」といっています。今日の世界のいろいろな不幸、禍いは、もっぱら人間が機械的・物質的・科学的・技術的には異常な発達をしたが、その反面、精神的・道徳的にはアンバランスがある。そこから生ずる人間の immaturity 即ち練れていない、出来ていない、幼稚である、この immature mind が大きな問題を引き起こすのであります。いかにして現代人のmature mindを養うかということが心理学的見地からみても重大な問題であります。ということは、言い換えればもっと人間学を興さなければならぬ。そして人材を輩出させねばならぬということです。これあるによって初めて本当の大事ができる。私はこう考えて郷学を奨励しているのでありますが、幸いに全国同人によって最近勃然と起こってまいりました。大いに慶賀いたしております。今後皆さんの熱烈なご協力を得まして、日本のため、世界のために靖献してゆきたいものであります。

Ⅱ

東洋哲学の精粋

第一章　活機と殺機

機と経絡

人間に最も大切なものは「機」というものであります。これは人間のみならず、自然もすべて「機」に満ちている。したがって人生というものは、すべて「機」によって動いているといってよろしい。のんべんだらりとしたものではなくて、常にキビキビとした機の連続である。機というものは「つぼ」とか勘どころとかいうものであって、その一点ですべてに響くような一点を「機」という。そこで機を外すというと響かない、つまり活きない。人間の体もそういうつぼ、点で埋まっているわけであります。灸や鍼《はり》が西洋でも盛んに研究されているが、人間の体には経絡《けいらく》というものがある。説明するのは難しいが、ある観点、例えば生体電気（人間の体は放電している）という立場からいうならば、経というのは生体電気が放射される通路である。これがいろいろに交差している。例えば停車場、交差点のようなもの、これを絡という。その経絡にそれぞれ大事なつぼがある。そのつぼを押さえると全体に響く。つまり全身の生活動、生命というものを活躍させる。例えば「物もらい」ができかかったようなとき、人差し指を曲げて、上から数えて二番目の関節の角に米粒のようなものがある。そこに灸をすえると即効がある。なにも医者にかかって手術などをする必要はない。脚が重いようなときに、脚の三里に灸をすえればすぐ軽くなる。

そういうふうに、つぼ、勘どころ、これを「機」というが、自然はすべて「機」に満ちている。「物理学者は常に一般的な法則を研究するもののように思われているけれども、それでは本当の物理はわからない」と、優れた物理学者がしばしば言っている。本当の物理を研究するには普遍的法則と同時に、常にシンギュラー・ポイントというものをよく知らなければいけない。

活きた学問

学問というものの本当の仕方を知らない人など、私がとんでもないことを知っている、どうしてあんなことを知っているんだろうという者がいる。

あるいは私が道楽な雑学をしているように思う者がいる。これは学問を知らない者の考えることである。本当の学理、真理というものは、物理の真理も、人間の理も、自然の理も、究極は、あるいは根底は同じものです。一切に通ずるのが究極の理というものである。そこで本当に活きた学問をやろうと思ったら、なるべく自然と人生との多方面に通ずるものを発見しなければいけない。それは必ず発見できる。

例えば『論語』を読むのに、『論語』に関する漢学者の本ばかり読んだって面白くない。『論語』を読むのなら、『論語』の中に書いてあることを、倫理学から、生理学から、社会学から、心理学から、あるいは歴史哲学から、科学から、いろいろの面からそれを実証して初めて学問になる。いわゆる真理の学問になる。「単なる知識」と「活きた学問、真理の学問」との違いはそこなんです。

それをやるのには一人ではできないですね。体は一つしかない。時間は二十四時間しかない。そこでどうしても共同研究が必要になってくる。うまく相棒を見つけるのが秘訣である。それは人間でもいい。あるいは書物でもいい。刀を打つのに一人では打てない、必ず相槌《あいづち》というものが要《い》るわけだ。それは真剣になったら必ず見つかる。

この頃世界的になってきた禅も、「禅機」というものを尊ぶ。機を外したらそれこそ響かない。だらしのない、しまりのないものになってしまう。その最も生き生きした機を捉えることをやかましくいうのが禅、それで禅機という。

活機と殺機

すべてに機がある。商売にも「商機」というものがあって、商機をつかまえなければ商売は活きない。その商売の最も機を狙うのが投機業者、証券界である。政治にも「政機」というものがあって、政機を外したらえらいことになる。

一切のことというのはなにかの機、なにかのはずみに変化する。そういうなんでもないもののようでいて、特異な、大変なことが勃発するような点、自然はそういうシンギュラー・ポイントに満ちている。物理学者はそれを知らなければいけない。単に空想的理論、数学的研究での基本的法則とか、そんなことばかり考えていたのでは物理学にならないということです。

我々の生活にも常に機というものがあり、それを活かす——活機——ことが重要だ。活機か殺機、失機かによって我々の生活が活発にもなり、だらしのない無感激なものにもなる。君たちのふだんの生活を考えてみても、「ここだ」と思うところをつかんだ時には急に生き生きしてくるだろう。あるいは、ここという時を一つしくじると「しまった」ということになる。そして、それまでやってきたことがふいになってしまったり、あるいは逆になったりする。よくある話だけれども、ふだんぎくしゃくしている上役との関係を、長いあいだ虫を殺して我慢して無事にやってきた。それが、たまたま懇親会で一杯飲んだ拍子にぶんなぐってしまって、それでオジャンになったというようなことがよくある。そういうのは「殺機」というほうだ。人間というものはそういう機というものを考えてゆかなければ飛躍しない。

人間がいかにすれば新鮮であり得るかといえば、正しい歴史伝統に従った深い哲理、真理を学び、それに根差さなければ、葉や花と同じことで、四季に従って常に魅力のある生命のみずみずしさを維持してゆけるものではない。

朝こそすべて

人間にとって大事な機のうち、我々が最も大切にしなければならないのは朝である。フランスの有名な諺がある。これは英国でもよく引用されるもので、極めて短い諺だ。短い言葉でなければ機動しない。

There is only the morning in all things.

あらゆるものの中で、ただ朝だけだという。一日二十四時間、朝のあと、昼、夜があると考えるのは、死んだ考え方である。活きた時間というのは朝だけだ。言い換えれば本当の朝を持たなければ一日だめだという。これはそのとおりだ。だから朝寝坊するのは、一番いけない。昔から優れた人で朝起きでない人はない。ただ人々が寝静まって、周囲が静かになった夜でなければ仕事ができないという人は別だが、常態では朝が一番大事だ。これを外したら一日だらだらと無意味に終わってしまう。

私はいつだったか、懇意な家の婚礼に招かれて、なにか新夫婦のために挨拶をということで話したことがある。もうたいていのことは言い尽くされていて、今さらいうことはないが、ただ一言いってあげたいのは、この機会に新夫婦は朝早く起きるということ、これだけを学ぶといいと、朝起き説を話してあげたが、実に朝というのは大切なもの、またいいものです。朝は常に新鮮である。生に溢れている。新鮮ということは、つまり生命の最もみずみずしい姿である。新しいということはごたごたのない、なにか珍しいことというふうに皆解釈するが、あれは俗解である。本当の新鮮というのは生命のみずみずしい姿をいうのである。

人間は何事によらず新鮮でなければならない。ところがいかにすれば新鮮であり得るかといえば、やはり真理を学んで、真理に従って生活しなければいけない。もっと突っこんで言えば、人間としての深い道を学ぶ。正しい歴史伝統に従った深い哲理、真理を学び、それに根差さなければ、葉や花と同じことで、四季に従って常に魅力のある、生命のみずみずしさを維持してゆくことはできるものではない。

そこで一日でいうならば朝です。昼も夜も新鮮な魅力を持つなんて、よほど修養しないとできません。夜深く、人静まって、独り正座して寝るに惜しいというような魅力を感じて、全身全霊を真剣に働かせるなどというのは、よほど修養しないとできない。たいてい八時頃から「あーあっ」とあくびをして、夜十時頃には目がトロンとしているというのが常だ。ところが朝だけは別だ。どんなボンクラでも新鮮溌剌とできる。朝を活かすということから人生は始まる。そういう意味からいうならば、人生の朝、青少年時代をいかに活かせるかというのが一番重要な問題です。

事業にしてもそうで、一つの事業が仮に百年続くとするならば、最初の十年、二十年、それは事業の朝です。常に朝を生かすようにする。ギリシャの名高い格言、

In the morning of life, work; in the mid day, give counsel; in the evening, pray.

「世に処しては、朝に働き、昼は助言を与え、夕には祈れ」

そもそも自分に助言を与えるということは、朝働いて、その経験でああしなければいけない、こうしなければいけない、こうしたほうがいい、ああしたほうがよいというふうに、だんだんとわかってくる。それがいわゆるカウンセル、自らに助言できる。そうして in the evening, pray.「夕には祈れ」。名言です。大体これはヨーロッパ文化、ヨーロッパ民族の生活的な基調を成している。この詩のような生活の哲学を自分の中に持っていたほうがいい。こういう人間の真実の境地に入ってゆくと、もう西洋哲学でも東洋哲学でも同じことである。枝葉末節になってくると、それぞれ違ってくるが究極は同じです。

そういう意味で、これから諸君はワークだ。私はワークをしながら、ギブ・カウンセル、諸君に助言を与えることにしよう。

第二章　「命」とは何か

その心を尽《つ》くす者はその性を知る。その性を知れば則《すなわ》ち天を知る。その心を存し、その性を養うは、天に事《つか》うる所以《ゆえん》なり。殀寿《ようじゅ》貳《たが》わず、身を修めて以て之《これ》を俟《ま》つは、命《めい》を立つる所以なり。

盡其心者、知其性也、知其性、則知天也、存其心、養其性、所以事天也、殀壽不貳、修身以俟之、所以立命也。

〔『孟子』盡心章句上〕

尽心

ここに掲げているのは、名高い『孟子』の尽心《じんしん》章の中にある言葉です。「尽心」という言葉そのものに非常に深い意味がある。研究する、究《きわ》める、その中に含まれているものを剰《あま》すところなく把握することが「尽」である。大地——土というものは実に神秘なものだ。なにが含まれており、どういう効用があるか、限りないものであるが、その大地を部分的に捉えないで、大地の全部を指すというときは尽大地という。我々の心も研究すれば研究するほど神秘なものであるが、その心というものを遺憾なく究明する、解明することを尽心という。

尽力という言葉がある。「はい。尽力いたします」などと、みな何げなく使っているけれども、これはたいへんな言葉である。尽力というのは、力を尽くす、ありったけの力を発揮することをいうのであって、ちょっぴり手を貸すというのは、尽力ではない。やかましくいうと、尽力ということは容易に言えない、たいへんなことである。真理を学ぶとか、道を修めるとかいうことは、自分の与えられた心というものを遺憾なく究明し、発揮することである。そこで、テキストを見てみよう。

尽心、知性、知天、存心、養性、事天、立命という、東洋哲学の、特に倫理哲学の根本の問題を簡潔に提起したものがこの一章である。

「その心を尽《つ》くす者はその性を知り、その性を知れば則《すなわ》ち天を知る」――「天」、これは大自然といってもよろしい。宇宙といってもよろしい。「性」とは心の本体である。心の最も本質的なるものが「性」であります。そこで性を知れば天が分かる。つまり我々の心というものを通じて、その心の実体、本質というものを究明すれば、自然、宇宙、その最も主体的なるもの、それが天、あるいは抽象的にいえば神、それが分かる。

これは物理学から、心理学から、倫理学から、政治学から、何学から、つまりどこから入ってもいい。あらゆる学問というものを追究してゆけば結局こうなる。その点において、これは間違いのない、確乎として動かすべからざる大原理であります。ここに学問の妙味がある。どんな分科学、どんな一物からでも、それを究め尽くせば必ず真理に到達してゆく。結局、最後は大きな宇宙、天、神といったような問題にぶつかる。これは今日の自然科学が最近になって最もよくそれを示している。あるいはそういう境地に入っている。この頃はありきたりの哲学よりも科学のほうがよほど精神的になってきている。どうかすると科学のほうがむしろ真剣に宗教に入ってきているといってよろしい。

武者菌

例えば最も極端な例を言いますと、武者という細菌学の大家の場合です。この先生は人間の腸の中のいろいろのバクテリア（栄養菌もおれば毒菌もいる）の研究をして、毒になる細菌を撲滅して人間の体に栄養を与えるような、ありがたい結構な菌を抽出し、それを組み合わせて、武者菌（M菌）というものを作った。これを湯か水に入れて、二、三十度くらいの温度に保っておくと繁殖して、それを飲むと腸の内が殺菌される。よく「あいつは腹が悪い」というけれども、人間は腹が悪くて病気をしたり死んだりする。つまり腸が問題だ。その腸をよく養う。いわゆる養腸に実にいいものが、このM菌である。

この腸内バクテリア細菌の研究のために、武者先生は長年、糞便と取り組んだ。人間の便を十年も二十年も研究してきた人だ。真理と取り組もうと思ったら、便が汚いとか小便が臭いとか言っているようではだめだ。この武者先生は人間の糞便を見たら、この人間はどういう物が好きで、どういう性格で、この便の人は腸のどこに傷があるということがわかるそうだ。そこまでゆかなければいけません。本当に勉強すれば、そうなるのです。

経験を積んだ考古学者は、普通の人間が見たらなんだかわけのわからない古代動物の骨のかけらを見て、この動物はどういう恰好の動物で、何万年くらい前におったどういう物だろうという全体像を想像することができる。それができないようでは、まだ一人前の考古学者とはいえない。果物屋のおやじは二十年も三十年も商売をしておれば、柿が生《な》っている、蜜柑が生っている所へ行って見ただけで、この蜜柑はいいとか、この柿はまずいというようなことがすぐ分かる。数まで分かる。一本の木に三百個生っておろうが、五百個なっていようが、勘定してみたら十個とは違わない。とても素人には想像もできないものであります。

大きな複雑な機械が静かな音をたてて運転している。非常に熟練した技術者ならば、その音をじっと聞いていて、この機械は完全であるとか、この機械はおかしいとかすぐ分かる。また、そうならなければ真の技術者ではない。

書物でもそうです。私などは物心ついて書を読み出してからもう五十年以上、今（昭和三六年）、私は数えで六十四歳だが、七歳のときに四書――『大学』『中庸』『論語』『孟《もう》子《し》』の素読を始めてから、もう五十七年も本を読んでいるわけだ。そうすると思想的な書物、精神的な書物は、手に取って見ると、この本はいいとか、この本はだめだということを直覚する。読んでみてから、いい本だなと思うようでは、そもそも話にならない。勘が鈍い。読まないうちからわからなければならない。

よく観相の大家は、相手を一見すれば、これはどこが悪い、どこがいい、どういう性格で、どういう能力があるということがすぐ分かる。顔に書いてあるというが、本当に顔に書いてある。今まで科学をやった人間は、そういう観相などというものは非科学的であると考えていた。ところが最近の科学は反対に、これが科学的真実であるということを証明するようになっている。

東洋の観相研究

私自身、非常に感心したことがある。ベルリンへ行って（昭和一四年）、あるプロフェッサーを訪ねて四方山《よもやま》の話をしておるうちに、その頃ベルリン大学で中国の人相の書物を集めておるという話を聞いて、「これは面白い、どこでやっておりますか」と聞いたら、医科大学でやっているという。意外に思って、医科大学のどこでやっているか聞いたら、皮膚科で研究しているという。私は感心して、訪ねて話し合いたいと思ったけれども、旅程が決まっていてそこまで突き止めずに発《た》ってしまったのですが、その時に聞いた概略の話では、人間の皮膚の中でも顔面皮膚というものは最も鋭敏なもので、体内のあらゆる機能の末端がみな顔面皮膚に集中している。つまり過敏点で埋まっているそうだ。その過敏点を結ぶと過敏帯という、つまり点が線になる。それは色になる。したがって精神状態も肉体状態も顔面に鋭敏に表れる。それが観相の書物に実によく説明されているというので、皮膚科学者が非常な興味を持って、東洋の人相の研究に着手した。それで私はベルリンを発つ時に、すぐ二、三の漢籍の書店に速達を出して、「貴重な重要な観相の書物を全部揃えておいてくれ、外国に売らないようにしてくれ」と言って集めさせたことがある。そうして数百冊集めたが、戦災で爆撃を受けて焼けてしまったのは非常に惜しいと思う。そういうものです。

だから昔の人の言うことにときどき驚くことがある。つまりこれは経験科学というのか、長い間に多くの人が経験を重ねて、そこから帰納して非常な真理を把握している。今までの科学は浅薄で、それを実証することができなかったが、科学が発達するにしたがって、それが実証されてきている。そこで古来の言い伝えであるとか、古代からの優れた学者の思想、学説というものは尊重しなくてはならない。歴史や伝統を軽々しく軽蔑したり否定する人間ほど、浅薄な、非科学的な、非哲学的なものはないということが、学問すればするほどわかってくる。

だから何から入っていってもいい、必ず真理に到達する。その心を尽《つ》くす者は必ずその本質とか、実体とかいうものが分かるようになる。それが分かるようになると、天を知る。宇宙の本体、大自然の真理、宇宙万物を支配するところの大いなる理法――達磨《だるま》、つまり法、東洋哲学の最も普遍的な言葉でいうと天、天を知ることができる。ところが、人々はその心を「放心」といって失ってしまう。

放心

戦後の社会というものは、最も心を失いやすい、放しやすい。個人が個性を失ってしまう。個人としての主体性、自主性を失って、いわゆる大衆に混じってしまい、組織人と化して社会的な分子になってしまう。また近代の雑駁な感覚文化、刺激的な享楽的な物質的生活のために人間性というものを失いやすい。その心を存し、養う、失わないように保存する。そうしてその心の実体、本質、性というものを養う。それは天に事《つか》うる所以《ゆえん》である。大自然に、真理に忠実な所以である。

人生の五計ということがある。人間はいかに生くべきか、それをはかるのが生計。この身をいかに役立てるかというのが身計。そして、人間は家を成す動物であるから、いかに家を治めるか――家計。人間は年をとる生物である。いかに老いるか――老計ということが大事である。と同時に、死ぬということは単なる死、滅亡ではなくて、死は即ち生である。生死一如であるというところに到達する。いかに死すべきか、これは死計。そういうふうにしてゆけば、いや早死にだの、長生きだのということは、問題ではない、同じことである。夭寿不弐《ようじゆふじ》（注・夭は短命、寿は長命、不弐は違わない、同じである）である。

「夭寿弐《に》ならず。身を修めて以て之《これ》を俟《ま》つは、命《めい》を立つる所以なり」

命ということにここでぶつかる。

命《めい》を知らざれば以て君子たること無きなり。
礼を知らざれば以て立つこと無きなり。
言を知らざれば以て人を知ること無きなり。

不知命、無以為君子也、不知禮、無以立也、不知言、無以知人也。

〔『論語』堯曰篇〕

命

「命《めい》を知らざれば以て君子たること無きなり」

「命」というのは普通「いのち」と言っておりますが、普通に「いのち」というのは「命」のごく一部分にすぎない。「命」という言葉について誰もがまず直覚することは、人間の恣意、ほしいままな気持ち、人間の無自覚な本能や衝動というようなものではどうにもならない、絶対的、必然的な何かの意味をこの「命」で表していることである。

だから同じ「命」でも命令といえば、違反することを許されない権威を持った指図ということになる。我々の生命というものは、なぜ生命というか。生の字になぜ命という字を付けるかというと、我々の生きるということは、これは好むと好まざると、欲すると欲せざるとにかかわらない、これは必然であり、絶対なものである。「おれはどうして生まれたんだろう」というのはナンセンスである。それは個人の妄想にすぎない。西洋哲学でいうと、アブソルート absolute、先天的、あるいは絶対的なものである。そこでその絶対性、必然性、至上性、それを表すに命というものを以てして、生命というのです。

命名の意義

それでわかるでしょうが、「命名」ということはどういうことか。これも浅薄に考えて、命名とは名を付けることだと考えるのですが、そんな簡単なものではない。命名というからには、この子供にはこういう名でなければならない、この名がこの子供に絶対的な意味を持っている、この子はこの名のごとく生きねばならない。

こういう必然、あるいは絶対の意味をもって付けて初めて命名ということができる。初めて生まれた男の子だから「太郎」としておこうかなどというのは「付名」であって「命名」とは言わないのです。けれども、そういう意味で我が子に命名する親は案外少ない。それどころか、ずいぶん無責任なのがある。自分はこの子を京都で生んだから「京子」と付けたなどというのは、心がけのよくない付け方です。京都で生まれた娘なんていくらでもいる。これは意味がない。

その反対にせっかく親父が苦心して真剣に付けた名前を伜が全然意味を知らないというのがよくある。自分の名前がどういう意味を持っているのか知らないというくらい間抜けはないだろうと思うけれども、そんなことで人生の分かるわけはない。このあいだもある人に名前の意味をこんこんと説明してあげたら、「はあ、私の名前にそんな意味があるんですか。たいしたもんですな」と、ご自分は一向たいしたものでもないというのは、名前と人と矛盾している、いわゆる名実伴わずというやつで、ろくなことはないわけだ。そこに姓名学というものの存立し得る根拠がある。

「命《めい》」というのは、絶対性、必然性を表し、数学的に言うならば、「必然にして十分」という意味を持っている。

自然科学は、この天（宇宙、大自然）の「命」、即ち必然的、絶対的なるものを、物の立場から研究、究尽していったものである。そして科学的法則を把握した。

人間も、研究すれば、だんだん必然的、絶対的なものに到達する。いわゆる「人命」を究明することができる。そしてその中に実に複雑微妙な因果関係があることを知ることができる。これを「数《すう》」という。

立命

そういうふうに、「命《めい》」というのは絶対性、必然性、数学的に言うならば、必然にして十分という意味を持っている。

だいたいどんな哲学や科学でも、究《きわ》め尽《つ》くす、究尽してゆくと、必ずそこに絶対的、必然的なものがある。そこでこれを「天命」という。自然科学はこの天という「命」、必然的絶対なるものを、物の立場から研究、究尽していったものである。そして、科学的法則というものをいろいろ把握した。これはいわゆる「命を立つ」である。哲学は哲学、宗教は宗教、それぞれの立場から天命を追究して、これが天命であるというものをいろいろ立てていく、これが「立命」である。

人間も研究すればだんだん必然的、絶対的なものに到達する。いわゆる「人命」というものを究明することができる。「命を知り」、「命を立てる」ことができる。そういうふうに命を研究すると初めて我々の命、生命というもの、人命というものの中に、実に複雑微妙な因果関係があることを知ることができる。これを「数《すう》」という。

命数

「数《すう》」というのは、すべて実在の中に存在する複雑微妙極まりなき因果の関係をいう。

「命《めい》」は「数」である。「命数」というと、やれ五十で死んだとか、八十まで生きたとかいう、数のことだと思うが、それは「命数」の一部分にすぎない。

「命数」の極めて常識を超えたもののことを「数奇」という。通俗にいえば、金持ちとか名士とかの家に生まれて大事に育てられた人というのは、どんどん出世もして幸福に暮らすのが当たり前。ところがそういう家に生まれたにもかかわらず、特に運命的にいうならば、かえって生まれたがために、あっちに遊び、こっちに遊び享楽生活に耽溺して、そのうちにつまらない女と一緒になって、堕落の果てに毒を飲んで自殺したなどというのを「数奇」という。尾張中村の、名もなき人間の子が、行商をしたり、その辺をうろついているうちにだんだんのし上がって関白太閤になったなどというのは数奇とはいわない。人間は悲劇が好きなものだから、悲劇とか破局を多く数奇という。本来でいえば秀吉なんかも数奇の人なのだが、多くは悲劇的な場合にいう。

万乗《ばんじょう》の天子に生まれたのが革命のために没落して、僧侶になって入定《にゅうじょう》（高僧が死ぬこと）したという、明《みん》の太祖のお孫さんの建文皇帝というのがいる。叔父さんが天下を取ってしまった。その叔父さんが即ち明の有名な永楽《えいらく》大帝である。その間の一大ドラマが明史に描かれておる。それを『運命』と題して、幸田露伴が一大雄篇を作り上げた。これは露伴の最大傑作の一つといわれる。これなどは数奇というものの代表作であり、実に名文である。感心して私は明史を取り出して比較してみたら、文章の八割は『明史』を翻訳して、それをつないだものである。露伴先生の文章かと思ったら実は『明史』であった。しかし、それをうまくつなぎ合わせたのは、名医が立派に手術したようなもので、大手腕である。

人生そのものが一つの「命《めい》」である。その「命」は光陰歳月と同じことで、動いて止《や》まないから、これを「運命」という。

運命は動いて止まないが、そこにおのずから法則（数《すう》）がある。そこで自然界の物質と同じように、その法則をつかむと、それに支配されないようになる。自主性が高まり、創造性に到達する。つまり自分で自分の「命」を生み、運んでゆけるようになる。

人間は学問修養しないと、宿命的存在、つまり動物的、機械的存在になってしまう。よく学問修養すると、自分で自分の運命を作ってゆくことができる。

運命と宿命

こういうのが即ち「命数」である。みなそれぞれ独自の命数の下《もと》に生きている。人生そのものが一つの「命《めい》」だ。その命は少しも停滞しない。動いて止《や》まない。光陰歳月と同じことで、動いて止まないからこれを「運命」というのである。あなたはいくつまで生きて、いつ火事にあって、いつ病気をして……というようなことを八卦見のところで観てもらうのは、これは「宿命」という。宿とは「とどまる」という字である。人間、運命である。運命であるからどこまでも動いて止まないが、そこに「数《すう》」というものがある、おのずから法則というものがある。人間は機械的になればなるほど自主性、変化性のないものになる。そこで自然界の物質と同じように、その法則をつかむと、それに支配されないようになる。そうして自主性をだんだん深めていったならば創造性に到達する。つまり、クリエイティブになる。自分で自分の「命」を生み、運んでゆくことができるようになる。つまり「宿命」というものにならなくなる。

我々の「命」をよく「運命」たらしめるか、「宿命」に堕させしむるかということは、その人の学問修養次第である。これが命を知る「知命」、命を立つる「立命」の大切な所以《ゆえん》である。人間は学問修養をしないと、宿命的存在、つまり動物的、機械的存在になってしまう。よく学問修養をすると、自分で自分の運命を作ってゆくことができる。いわゆる知命、立命することができる。

人相

人相でも変えられる。何も探偵小説みたいに変装しなくても人相は変わる。元来人体は変化してゆくもので、四年ないし七年の間に人間の細胞は一新するものだから、人相は変わる。変えられる。

例えば眉毛というものを拡大鏡で見ているとは面白い。眉毛は始終活動しておる。機嫌のいい時には柔らかく寝ているが、少し気分の荒々しい時は眉毛は立っている。「柳毛を逆立てる」というが、本当に眉毛が立つ。これは大体三カ月に一度くらいで生え変わる。まつ毛のようなものでも、二、三週間でみな一応変わる。心がけが悪いとまつ毛の生え方が悪いだろうね。面白いもんだ。

化身

人間は自分で自分をいかようにでも変えることができる。これを化身《けしん》という。物質がいかなる性質の、いかなる構造のものであるかということを究明して、これをいろいろに化《か》してゆくのが化学だ。物質化学があれだけ発達しているのだから、人間化学というものももっと発達しなければならない。それがおそろしく遅れている。そこに近代文明、現代文明の悲劇がある。その点は儒教も仏教も同じである。

人と生まれた以上、本当に自分を究尽し、修練すれば、何十億も人間がおろうが人相はみな違っているように、他人にない性質と能力を必ず持っている。それをうまく開発すれば、誰でもそれを発揮することができる。これを「運命学」「立命の学」という。今日の言葉でいうならば「人間科学」というものだ。これが東洋哲学の一番生粋である。

十如是

お葬式に参列していて時々もったいないなあと思うのは、あのお経の中に深遠な哲理が説かれているのに、読んでいる僧侶もどの程度わかっているのだろうか、聴いている者もなにもわからずに居眠りしていることである。せっかくの真理を実にもったいない。先日も葬式に行って、ふと耳を澄ませると、「如是相、如是性、如是体……」と坊さんがお経を唱えている。これは「命《めい》」を説いたものであるが、隣の人は居眠りをしている。

第一は「如是相」――これは現象世界、我々の直接経験の世界、感覚の世界。「如是性」――この中に主体性がある、個性がある。これは何からきているかというと、宇宙・

人生を貫く一種の本体がある。これがいわゆる「体」。これは決して機械的・固定的なものではなくて、一つの創造変化してゆく「力」である。それがいろいろの働き、作用になる。「作」これは「さく」と読まないで「さ」と読む。このいろいろの働き、作業がいろいろの原因――「因」を作る。これがいろいろの媒介――「縁」を経て、いろいろの「果」を作ってゆく。これを因縁、因果という。それがいろいろの反作用を生んでこれを「報」という。

即ち我々の直接経験の世界は如是相、如是性、如是体、如是力、如是作、如是因、如是縁、如是果、如是報、この一つ一つが実は共通なのである。これを本末究竟等《ほんまつくぎょうとう》という。これは「究竟すると同じものだ」という意味である。これは一つの大きな転換だから、循環し、これを繰り返す。如是相、如是性、如是体、如是力、如是作、如是因、如是縁、如是果、如是報、如是本末究竟等。それから今度は、是相如、是性如、是体如……。その次は相如是、性如是、体如是……と、それを一度、二度、三度と繰り返すのです。

せっかくのこういう深い真理を、わかりもしない者がわかりもしない人間に言ったところでしようがない。仏様に言っているつもりだろうけれども、仏に言うならもう少し知って言わなければならない。仏と対等の真理の座にあって言うのだから、僧侶の責任は重い。

だから普通の人は運命というものを宿命的に考えているが、そうではない。

人間科学

運命というものを研究すれば、「命《めい》」の中にあるところのこの複雑な因果応報の理――どうすればどうなるということがわかる。自然科学はこれを究明したから、そこで化学産業というものが発達してきた。そして水を火にすることができるし、あるいは木から紙を作ることができるし、牛の乳からチーズやバターを作ることもできるし、木の根、草の葉から貴重な薬品を作ることもできる。自然科学は物質の化学反応を起こしてやっておるのだから「人間科学」即ち哲学、信仰というものは、人間をいかようにも化《か》すことができなければ学問ではない。その学理に従って人間を指導してゆくのが教育だ。だから教育というものに非常な使命がある。自然科学が尊厳ならば、人間哲学、信仰というものはさらに尊厳である。それを応用して立派な人間を作ってゆかねばならない教師というものは最も神聖なものだ。「教師は労働者である」などというのは、なんと弁解しても、浅薄な思想というよりは、非人道的な思想である。

労働者というのは、近代社会学、特に経済学的観念である。一定の労力を提供することによって一定の反対給付を受ける、この経済活動をする者ということだ。教師は、ある一定の労力を提供して月給をもらっているのだから、労働者といえないことはないけれども、そんなことをいったら一切の人間がみな労働者だ。その意味では、人間は労働者であるということはできるけれども、そんなことは無意味である。動物は食って動いている物であるという定義と同じことだ。内容は何もない。そもそも根底において、こういう考え方は完全に間違ってはいないとしても、少なくともはなはだ足らざるものである。むしろ人間というものを冒瀆した、教育、職業というものの神聖を冒瀆した、つまり自ら侮る、自ら汚すというものである。それならば労働法規に従わなければならない。自縄自縛に陥るのだが、そこまでは考えないで、いわんや外国の謀略に踊らされて、祖国、民族を売るようなことを、知らず知らずやっているなどというのは大罪悪である。

心を尽くし命を知れ

そこで「命《めい》を知らざるは以て君子たること無きなり」ということが、しみじみ分かる。自分というものはどういうものであるか、自分の中にどういう素質があり、能力があり、これを開拓すればどういう自分を作ることができるかというのが「命を知る」、「命を立つ」ということであり、それが分からなければば君子ではない。君子というのは今日の言葉で言うならば、いわゆる指導者、知識人ということだ。

すべての生物はそれぞれ独特の内容、意義、価値効用を持っている。自然科学が物質については恐ろしいまでにそれを解明している。その点においては、最も進歩しないのは人間だろうと思う。最ものんきなものは自分自身である。自分自身を知らない。いわゆる身計というものに最も疎い。それはミミズでもどじょうでも、なんでも研究をしてみたら無限の意義、作用、効能がある。決して無用な物はない。「天に棄物なし」という名言がある。いわんや人間において棄人、棄てる人間なんているものではない。

自分というものを知らないものだから、いわゆる心を尽《つ》くし、己を尽くさない。「命」を知らないものであるから、せっかくの人間に生まれて一生を台無しにする。

東洋哲学の生粋

そもそもふしぎな性質、性能をあらゆる物が持っている。いわんや万物の霊長たる人間においてをやで、人と生まれた以上、本当に自分を究尽し、修練すれば、何十億も人間がいようが人相はみな違っているように、他人にない性質と能力を必ず持っている。それをうまく開発すれば、誰でもそれを発揮することができる。これを「運命学」、「立命の学」という。今日の言葉でいうならば「人間科学」というものだ。これが東洋哲学の一番生粋であります。これがわからないで本を読んでもなんにもならない。

もし政治家、事業家、教育家、それぞれの人々が、もう少し真剣に自分というものを究明したら、この世の中を一変するくらいなんでもない。戦争をしたり革命をやったりしなくても、いわゆる維新、維《こ》れ新《あら》たなりで、十分に人間生活、民族生活、人類の生活というものは日進月歩してゆくはずだ。自分を究《きわ》めないものだから、いろいろな過ちをおかして悲劇が始まるのである。「天下本《もと》無事、小人之《しょうじんこれ》を擾《みだ》すなり」という。天下はもと無事である。それをつまらない人間がわざわざごたごたさせる。本当にそのとおりである。そこに学問修業というものの永遠の意義と価値があるのです。

第三章　運命は自分で作るもの

環境が人を作るということに捉われてしまえば、人間は単なる物、単なる機械になってしまう。

人は環境を作るからして、そこに人間の人間たる所以《ゆえん》がある、自由がある。即ち主体性、創造性がある。だから人物が偉大であればあるほど、立派な環境を作る。人間が出来ないと環境に支配される。

東洋哲学の最も大切な問題の一つである「命《めい》」について少し解説しましたが、これは諸君のためにも大事な問題であるから詳しく話しておきたい。

自然にはそれぞれいかなる物にもその物だけの「命」がある。絶対的・必然的なるものがあるわけです。したがって人間にも「命」というものがある。しかし人間は、その「命」は運命であって、宿命でないということをよく知らなければならないということを言いましたが、その実例を挙げておきましょう。

富士山麓のひょう少年

かつて私は二夏、三夏、富士山麓の御殿場で過ごしたことがある。ずいぶん昔のことだが、その頃須走《すばしり》にある富士浅間神社で一人の精薄の少年と親しくなった、というより興味をもった。神社の掃除係をやっていた、ひょうさんという智慧遅れの少年です。いわゆる精薄児だ。それで親父もお袋も、子供の時から、「この馬鹿が、この馬鹿が」で、叩かれたり蹴られたりして育ってきた。富士山麓だから荒れ地で、耕してもろくな物も生《な》らない。もちろん非常な貧乏だ。農業をさせても役に立たないから、ひどい目にあわされた。しかし幸いに精薄であるから、なまじっか勘のいい奴だったらとても耐えられないで逃げ出してしまうところだが、智慧遅れの子だから、こ突かれても張られても、泣き泣き耐えていた。

ところが、このひょうさんが親父に怒鳴られたり、叩かれたりすると、やはり智慧遅れの子でも悲しい。腹も立つだろう。そういう時にはメソメソ泣きながら、そこが智慧遅れの子の功徳効用というのか——富士山麓の森は世界で最も鳥の種類の多い所だ。さまざまな小鳥が鳴く。これが彼にとって天の恵みである。彼を慰める無類の音楽である——その悲しみや腹立ちをいつか忘れてしまって、鳥の声に耳を傾けているうちに、これも智慧遅れの子の効用で、普通の人間みたいに余計なことを考えないから鳥と一つになる、鳥と融合合体するわけだ。いつの間にか鳥の鳴き声を覚えてしまい、いろいろの鳥の鳴き声を自然に出すようになった。

そうするとそれがだんだん里人に知られた。「おい、ひょうさん、ちょっとやってみろ」と言ってやらせる。そのうちに旅行客がそれを聞いて、それは面白いと呼んでやらせる。そうするといくら智慧遅れの子でも「なるほど、これはうまいな」というので金をくれる。そのため一夏でひょうさんの稼ぐ金は親父の年中稼ぐ耕作収入よりも多くなってきた。そこでこの智慧遅れの子がえらい大切な子になって、「ひょうや、ひょうや」と大事にするようになった。

人間というのは面白いものだ。そうするとまた、お客の中にも凝った人がいて、彼を指導する者が出てくる。するとますますうまくなる。

人間というものはそういうふうに、考えよう、使いようによって正反対になる。そのひょうを私も物好きに呼んでやらせたことがある。我々二、三人、亡くなった高楠順次郎という仏教の大家、三菱の総理事をしておられた江口定條という、これは今時の実業家にも珍しい国士的な人ですが、そういう人々と話しておって、ひょうを呼んでみようじゃないか、というので呼んでやらせたら確かにうまい。これは面白い。可哀そうに、この智慧遅れの子にこんなことをさせて、客が呼んで鳴かせるのもよくないけれども、まあしかし収入になるのだからそれもよかろうというようなことで、その日は金をやって帰した。

翌日私は須走の江口さんの別荘を訪ねてその帰りに神社にお参りしたら、ばったりひょう少年と逢った。そこで立ち話をしたら私にどこまでもついてくる。「おい、もういい加減に帰らんか」と言ったが、「先生を送る」と言ってとうとう私の家まで送ってきた。それからこのひょうと仲よしになって、えらく好かれてしまって、よく「せんせーい」と言ってニヤニヤ笑いながら私の所へ寄ってくる。それからいろいろ話をしていると、智慧遅れの子は智慧遅れの子なりに、やはり得るところがある。

王陽明の書いている物の中に聾唖者《ろうあ》との問答があるが（二三九頁参照）、それを思い出したことがある。智慧遅れの子に真理を語るとよくわかる。利口な奴よりよほどよく共鳴する。その後しばらく行かないで何年かたって行ったら、可哀そうに病気をして死んだということであった。それで考えさせられたことですが、智慧遅れの子でも考えよう、扱いようによっては、独特の境地を開くこともできるものであり、決して食うに困らないものであり、無限に世界の開けるものである。

くちなわ坂の後押し

同様の話、これは大阪の話だけれども、寺町という所に昔「くちなわ坂」といってお寺ばかり並んでいる間に急峻な坂があった。車を引いている連中がいつもそこで悩む。その近所の寺男の子供の中に精薄児がいて、親がもて余していた。それをある感心な人が可哀そうに思って、「お前、わしが弁当代をやるから、いつでも朝起きたら坂の所におって、坂で車を引いてふうふういっておる丁稚《でっち》小僧や年寄や女房《おかみ》がきたら押してやれ。しかし決してお礼をもらってはいかん。その代わりわしが夕方帰ってきたら必ずお前に駄賃をやる」と言って、まず一日駄賃をやってやらせた。

ばかの一つ覚えで、駄賃をもらうものだから一所懸命にやる。そこでありがたがってながしかやろうとすると、「いや、そんなものはもらわん」と言う。それがたちまちのうちにえらい有名になった。「この坂にえらい感心な小僧がおって、少し足らんようだけれども心がけのいい奴だ」ということになって、一月、二月するうちに、「家に来てもらえまいか」「あれを引き取りたいが……」という申し入れがたくさん集まるようになった。それはなまじ小利口な、油断もすきもならんような奴よりは、智慧遅れでまじめで糞力があるのだから非常に役に立つ、これを一つ活用したらどんなにいいかわからない。その後、私は知らないが、噂に聞くと、立派に店を持つ者になったそうだ。

裏長屋の呑んだくれ大工

大阪によく路地というのがある。つまり裏長屋というやつだ。横丁の狭い所を入ってゆくと、両方に九尺二間の裏店がずっと並んでいて、大体最後は袋小路になっているものだが、そういう裏長屋の行き止まりの所に貧乏大工の呑んだくれがしけこんでいた。これは非常に腕がいいんだけれども、なにさま酒癖が悪い無精者で、朝から酒ばかり飲んで働かない。そのためにだんだん人に見放されて、情けない路地奥の九尺二間にくすぶっていた。

それをもったいないというので、家主がある日、長屋を訪れたら、その大工は、酔っぱらっていて「何しに来た。家賃の催促か」と、もう目に角を立てている。「いや今日は催促に来たんじゃないんだ」「じゃあ、何しに来たんだ」「まあそういうな。いい相談があって来たんだ。お前は元来非常にいい腕を持っておる」「余計なことをいうな」と一々からむ。

「わしがこれからお前に毎日一本ずつつけてやる。お前の飲むに事欠かんようにしてやる。家賃もまけてやる。その代わりおれのいうことを聞かんか」「それは何だ」「お前も一日そう只酒を食らっておっても面白くなかろう。夕方になったら気持ちよく飲ましてやるから、朝起きたら道具をかついで、この長屋中を一軒一軒訪ねて歩いて、どこか板が外れておらんか、台所の流しが壊れておらんか、戸ががたがたしておらんか、屋根が傷んでおらんか、床が抜けておらんかと聞いて歩いて、悪い所を修繕してくれ。もちろん料金をもらっちゃいかん。その代わりにわしが家賃をまけて、夕方になったら一本飲めるだけの手当をやる」「そんなことは何でもない」「そんならやれ」というので、ヤッコさんさっそくやり出した。

するとたちまち長屋中のおかみやらおやじやらが、「野郎えらい感心だ。おれの所へ来て台所を直してくれた。床を直してくれた」という。しかも礼を取らないものだから皆気の毒になって、昼になったらなにかお菜を持ってきてくれる。お八つになるとなにか出してくれる。晩になるとやはりお菜を持ってきたり、一本持ってきたりする。ヤッコさん、家主からもらうばかりじゃなしに飲みきれないくらい酒が集まったり、食物も豊かになった。家主のくれる手当が残るようになった。そうするといつの間にかそれが隣の路地にも聞こえ、向こうの横丁にも聞こえて、そんな腕のいい、気心のいい大工さんがおるなら、こちらにも来てもらえんか、こっちにも来てもらえんかと引っぱりだこになって、そうすると張り合いがあるものだから、先生あんまり酒も飲まないようになった。あっちこっちで人気がいいものだからすっかり気持ちをよくして精出した。一人では足らんようになって、弟子が二人も三人もできるようになって、そのうちに堂々たる大工の棟梁になったという話を聞いて、私は非常に面白いと思った。

このひょう少年とか、裏長屋の大工とか、これを宿命に任せたらそれこそ惨憺たるものである。ところが、それに手を加えると、まったく別な運命を打開することができる。それは、放っておけばどんな被害を生ずるかもしれない水を、うまく治山治水をやりさえすれば、逆にどんなに作物をうるおし、あるいは観光の人々の目を慰さめ、いろいろの利益のあるものにすることができるのと同じことである。

知と行の循環

ただ、わが「命《めい》」はどういうものであるかということを知るのは難しい。自分がどういう素質・能力を持っておるかということを、まず調べなければならない。それから、人間は社会的生物であるから、社会とどういう交渉をもち、どういうふうに関連してゆくかということを知らなければならない。

本当に知るということは創造することである。

「知は行の始めなり。行は知の成るなり」という王陽明の説明がある。「知」というものは行ないの始めである。「行」というものは「知」の完成である。これが一つの大きな循環関係をなすものである。知から始まるとすれば、行は知の完成、そしてこれは行の始めが知だから、知というものは循環するわけです。本当に知れば知るほどそれは立派な行ないになってくる。知が深くなれば行ないがまた尊くなる、というふうに循環する。

人と環境

例えば人間と環境といったようなものだ。人が環境を作るか、環境が人を作るかということがよく問題にされるが、確かに人が環境を作る。しかし環境がまた人を作る。人と環境とは相俟って自由自在に変化してゆく。環境が人を作るということに捉われてしまえば、人間は単なる物、単なる機械になってしまう。自主性、主体性、自由というものはなにもない。人は環境を作るからして、そこに人間の人間たる所以《ゆえん》がある。自由というものがある、即ち主体性、創造性というものがある。だから人物が偉大であればあるほど、立派な環境を作る。人間が出来ないというと環境に支配される。

農村というのは一つの環境だ。そこに住む農村人が無力であれば環境の支配を受ける。人間が強くなれば、偉大になれば環境を変化することができるのです。

徳川時代の水戸に小宮山楓軒《こみやまふうけん》（小宮山昌秀、一七六四〜一八四〇。江戸後期の学者・民政家）という偉い学者がいた。水戸藩の南部地方の十四カ町村、人口約二万五千人ほどのこの地方の一部は昔から水戸藩がもて余した所で、怠け者、ばくち打ち、酒くらい、けんか口論、とにかく始末の悪い所で、あらゆる貧乏と罪悪の巣窟といわれた所である。水戸藩において手の付けようがなかった最悪の地方を、この楓軒先生はあらゆる意味において最良の模範町村に変えてしまった。それくらい人が環境を作ることができるのです。

「人間とはどういうものであり、いかにすればどうなるか」ということを研究して、その研究に従って人間自らを創造することができるところに万物の霊長たる意味がある。命《めい》は我より作《な》すものである。

袁了凡と雲谷禅師

人間が浅はかで無力であると、いわゆる「宿命」になる。人間が本当に磨かれてくると「運命」になる。即ち、自分で自分の「命《めい》」を創造することができるようになる。それを「命《めい》は吾《われ》より作《な》す」という。

このことに関しては、明《みん》の袁了凡《えんりようぼん》という人が『陰隲録《いんしつろく》』というものを書いている。これは日本でも有名な庶民道徳の書物である。「陰」は冥々の作用、「隲」はさだめるという意味。冥々の間に定められておるものを明らかにさだめる。つまり「自然の支配する法則を、人間の探究した法則に従って変化させてゆく」――これが「陰隲」で、これは人間の運命を説いた非常に面白い本です。

粗筋《あらすじ》は、ある人相見にいろいろ自分の人生をちゃんと当てられて、人間は泣いても笑ってもどうにもしようがない、とにかくなるようにしかならんものだ、と諦めた袁氏が、出世しようとか金儲けしようとか、どうしようこうしようという煩悩や欲望を一切捨ててしまった。なるようにしかならない、もう運命に任せるというように決心してしまった。そうすると、その占いの翁の言ったとおり、これこれの成績で科挙の試験に及第して、予言された年に役人になったので、彼はますます宿命を信じた。

ある時南京に出張して、あるお寺で雲谷《うんこく》という偉い和尚さんに会った。ところが和尚はこの人物に注目して、「年が若いのに似合わず、人間が出来ておる。どんな修行をしたんだろう」と思って感服していた。ある日、たまたま機会があって、この和尚が、

「あなたはお年が若いのに似合わず、非常にお出来になっておるようだが、どういう修行をされたのか」

と聞いた。すると、

「いや、別に修行なんていたしませんが、実は私は少年の時にこれこれという次第で占いの翁に人相を観てもらって、いろいろと予言された。それが一つも狂わないので、私はそ

れ以来よけいな煩悶、よけいなもがきを一切やめました。それでそういうふうにお感じになったのかもしれません」

と正直に答えた。すると雲谷禅師はにわかに態度を改めて、

「なんだ、そんなことか。それではまことに君はくだらぬ男だ」

と、嚙んで吐き出すように言われた。びっくりした彼は、「それはいったいどういうわけですか」と聞いたところが、

「人間の運命がちゃんと初めから定まっておるものなら、なんで釈迦や孔子が苦労したか。偉大な人が学問修養したのは、学問修養することによって人間を創《つく》ることができるからだ。人間が出来れば環境も創られる。確かに〝命〟というものは存在するが、人間はその命を知り、命を立てることができる。人間以外の他の動物にはできないことを人間はやることができる。即ち〈命を知り〉〈命を立てる〉ことができる。〈人間とはどういうものであり、いかにすればどうなるか〉ということを研究して、その研究に従って〈人間自らを創造する〉ことができるところに万物の霊長たる意味がある。命は我より作すものである」

と説かれて、初めて袁氏は愕然として目覚め、発憤して勉強し始めたところが、それか

らは占いの翁の予言したことが全部外れだした、という話がおもしろく書かれている。以前には、何歳の時に結婚するけれども子供はできない、何歳の何月何日に死ぬということまで予言されていた。ところが彼が悟ってからというものは、それが外れてしまって、子供もできたし、死ぬといわれた時になっても死にはしなかった。だから人間は学問修養しなければいけないということを諄々と説いております。

四柱推命

確かに、物には本来備わっておる性質や性能がある。その人間が本具しておる素質・内容というものには自ら型が決まっている。それは物質と同じことだ。水というものは、いろいろの物に含入して色も味も違うけれども、化学的にいうならばH_2Oというものが原型になっている。と同様に人間の原型というのはだいたい決まっている。これについては東洋に「命理学」という面白い学問がある。唐、宋の時代にできて、明の時代に大成したといってもよい。人間の運命を判定する学問で、非常に豊富な資料、データを集めて、それも千年、二千年にわたる何百万、何千万に及ぶ人事、人間関係のデータを集めて、その統計に基づく独特の推計学ともいうべきものである。それを俗に「四柱推命」という。

何を四柱というかというと、その人の生まれた年、月、日、時間、この四つが正確であれば、よく当たる。お母さんのお腹の中から分離した、即ち本当の出生の年、月、日、時間が問題だ。届け出の日というのは当てにならない。二月十一日生まれなどというのは当てにならない場合が多い。十日に生まれたり、十二日に生まれたのを十一日が紀元節だから十一日に届けるとか、大晦日に生まれて十二月三十一日と届けるのはめったにない。だいたい元日として届ける。それでは駄目で、本当に生まれた日の時間まで分かれば、非常に的確にその人間の持って生まれた素質、能力、たどるべき社会生活、社会的職業のどういう方面に適応するかというようなことが分かってくる。また、親子、夫婦、兄弟、朋友等の関係も非常によく出てくるものがある。

日本には幕末、文化・文政頃に入ってきたもので、仙台藩の藩医であり藩儒であった櫻田虎門という人から知られるようになったのですが、難しいものだからあまり人がやりません。九星だとか気学であるとか、運命学と称するものがたくさんありますが、学問的にいうとどうもあまり感服できないが、この推命学は非常に蓋然率というものが高い。これで見ると人間というのは決まりきったもののように見える。そのためにしばしば宿命観に陥ってしまう。しかしこれも実は「宿命」を説いたものではなくて、「立命」を説いているものです。

丙午の誤伝

ところが世間で一番よく間違えるのは、「丙午《ひのえうま》生まれの娘は亭主を食い殺す」などという誤解が、未だに牢固として信じられていることだ。あれなどは、つまり宿命観の一つの弊害である。あれは年ではない、生まれた日だ。丙午の日に生まれた人は、女ばかりではない、男もだ。女からいうならば、丙午の日に生まれた男なんかに嫁ぐものではないということになる。この配偶関係は確かに不幸である。九十パーセント不幸である。これは統計的事実だ。だが、もちろん例外はある。が、概していうと不幸の率が高いのである。ただし、ひのえうまの「年」ではない、「日」だ。その日をいつの間にか年に間違えた。それでなんの意味もない「丙午年はいけない」ということになったのである。

もう一つある。壬子《みずのえね》。これも年ではない、日だ。しかし、これとて、それも打ち消す条件がなにかあれば恐るるに足りない。しかし、打ち消すものがなければ九十パーセント意味がある。自分の生まれた年、月、日、時間の中に、何か打ち消すものがないという、いわゆる不幸な月日の下に生まれたとするならば、これを逃れるには、これを打ち消してくれる亭主を探せばいい。それと組み合わせればうまく消えてしまう。そういうふうにすることができるが、ただ難しいだけだ。だからそういう娘が結婚しようと思ったら、何よりも縁談があった男の生年月日時間を調べて、それで照らし合わせてみればいい。無数のデータを整理して作られた四柱推命の参考資料によると、一つの柱にだいたい自分と配偶が出てきて、次の柱には子孫の関係が分かる。この柱には兄弟とか、朋友とか、父母、祖先というようなのが表れる。またここに自分の生活、その他に関連することがでてくる。

それから恐ろしいのは男女関係で、こういうことを調べると、男女関係というものは非常に注意しなければならないということがよく分かる。

顔相

古来、「美人薄命」という言葉があるが、これなどもはっきり表れる。だいたい美人で、人格がよくて運命に恵まれているというのはまず少ない。大部分は「天は二物を与えず」で、どこかにこれを差し引きする悪弊がある。その意味においてお多福などというのはやはり真実である。「女房にするならばまずお多福を狙え」というが、こういうことは生きた人生学、人間学だ。

美人というのは顔がだいたい卵型で、あごの所は先つぼみになっている。尖っているのはもっともいけない。人間の顔を少年期、中年期、晩年期と三期に分かつと、上の三分の一は青少年期、それから鼻の先までが中年期、そこから下が晩年期ということになる。あごが豊かなのは晩年が豊かなことを表す。ここには子孫とか朋友などが表れる。ここが豊かなのがいい。吉田茂（元首相）という人を見てみればよく分かる。美人というのは恰好はいいけれども寂しい、孤独だ。しかしこれはある程度補える。男なら、ここが貧弱な人はひげを生やすといい。ひげで補うことができる。プラスチックを鼻の中へ入れるなんていう不自然なことはだめです。

面白いもので顔色は始終変わる。人間の顔には微妙な色彩がある。それが見えるようになれば人相見として一人前だ。京都西陣の染色職人の最も優れた者は、色を二万通りに分けたという。フランスのコティー香水会社の工場の一番高級な技師は、暗闇で花を七千通り嗅ぎ分ける。名医は病人の病気を鼻で嗅ぎ分ける。聴診器などを頼りにするのは凡医のやることで、皮肉な西洋の哲学者が、「古代の医者は直覚力が発達していたが、その後だんだん人間が低能になるにしたがってこういう器械を発明した。器械というのは人間の能力の低下を補うものである」と言っているが、本当にそう言える。

そこで運命というものは、素質・材料という意味から、そういうものに非常によく出てくるが、それらはいわゆる宿命で、物質的・機械的なものだ。

人間を化する

そこで学問とか修養とかいうものが物をいう。あるいは本人の親が積んだ隠徳というものが影響を及ぼしてくる。そうすると本人の学問修養や先祖の陰徳といった要素がどんどん増えてゆく。いわゆる「化《か》する」のです。「自然をいかに化するか」ということを考究するのを科学というならば、「人間をいかに化するか」ということを考えるのがいわゆる哲学である。本当に「化そう」と思ったら、やはり深い哲学や信仰を持たなければいけない。したがって、人間として最も自然である子供を研究すると、人間の自然的素質能力が非常に高いことが分かる。人間が成長するということは、児童・少年の頃に与えられているところの自然的素質・能力をいかに深くするかということだ。それが教育の使命である。だから幼少年を研究してみると、人間というものはどういうものかということがはっきりわかる。

幼少年時代によく教育すると、十七、八歳で立派に人として大成する。幕末、明治の人物はみな若くてよく出来ている。二十代で堂々たる国士だ。吉田松陰《しょういん》、橋本左内《さない》、高杉晋《しん》作《さく》、久坂玄瑞《くさかげんずい》、こういう人々は枚挙にいとまがないが、みな二十歳前後で堂々たるものです。どうしてあんなに若いのに大した人が多いのだろうと思っていたが、人間学というものを本当に研究してみると、あれは決して奇跡ではない。当たり前のことなのです。人間は教育よろしきを得れば、知命、立命の教養を積めば、その人なりに大成する。それから先はいろいろの経験が加わって鍛錬陶冶され、いわゆる磨きがかかるだけで、人そのものは十七、八歳でちゃんと出来る。満十五、十六歳で元服の礼を行なった昔の人は、近代の科学的研究からみても実に正しい、妥当であるということが立証されている。

運命の鍵は胎児に

それからもっと怖いことを言うと、昔の人は胎教ということをやかましく言った。「三つ子の魂百までも」という諺がある。そのとおりである。この頃の教育学、心理学、生物学、医学、あらゆる学問はこのことを立証せざるを得ないことになった。生物学者が脊椎動物から類人猿、即ちチンパンジー、オランウータン、猩猩《しょうじょう》、ゴリラといったようなものから人類へと分かれて発展してゆく過程を研究しておるうちに、えらいことにぶつかった。

それは、人間というものは動物の系統からいうと、やはり高等猿類に到達する。その高等猿類からまた人間が伸びるというふうに、直線的経過はしていない。系統の発達過程において、それは木にたとえられる。幹から枝が分かれ、枝がさらに分かれるというふうに伸びていっておる。猿なら猿がまたいろいろ分かれる。この猿から人間が分かれて人類というものになった、だからこの分岐点を点検しなければならないというわけで、動物学者がだんだんと高等動物へ進化してゆく段階を突き止めていった。その結果、高等動物に表れる特徴は、猿でいうとチンパンジー（猿が成熟したもの）と人間がよく似ているかというと、そうではない。大人として完成されたものではなく、最も未完成な胎児に発達段階を予測するものが、つまり将来の可能性がはっきり表れておる。ということは、胎児（エンブリオという）から三歳くらいまでの幼児の期間が一番たいせつである。胎児から三歳くらいまでの間をどう扱うかということが、これから先を決定するということが究明されていった。

そこで今度は人間の大脳を研究してみると、驚いたことに「オギャー」と生まれた時に、すでに一生のうちに必要な脳細胞は全部備わっている。言い換えれば、胎児の間に他の部分は未完成で未発達だが、脳細胞だけは胎児の間にできてしまう。もちろん、いろいろな機能はまだ固まらない。しかし素質は全部できている。そして三歳になると大人に比べても優に八十パーセントの機能を備えており、活動作用を開始する。だから三歳の小児というのは八十パーセントの大人なのである。子供は幼稚だなんて考えることは非常な誤りである。大人のように理知的な、複雑な精神面では未活動であるけれども、本質的にいうとだいたい大人と同じように出来ている。つまり大人の原型である。だから将来の人間の発達ということを考えるとき、これを決定する運命の鍵は胎児にあるということである。大学に入るとか、なんとかいうことは人間の発達にあまり関係はない。それよりどんな胎児を持つかということが一番大切なことであると思う。根本的に、長い目で見ると、学問・科学の研究はそういう結論に達している。

いかなる胎児を持つかということは、つまりいかなる結婚をするか、どういう相手を見つけるかということになってくる。そうなると、一目惚れなどということはできなくなってくる。だんだん考えるようになって、自然に行儀がよくなる。

私などは幸か不幸か、非常に早くいろんなことを教わったり勉強したりしたものだから、それがある意味においては禍いして、ある意味においては幸いして、世間普通の人間よりは浮気などもせずにすんできた。なにも分からずにやみくもにやるのが、あるいは青年の一つの幸福かもしれない。そうして喜んだり悲しんだり感激したり悲観したりして、うかうかと青年時代が過ぎる。面白いといえば面白いかもしれないが、年を取ってから後悔することが多い。そこへゆくと、やはり真理を学んでおくと、終生悠々としてゆける。今からでも遅くない、諸君も勉強すると、禍いを免れることができる。

第四章　国家の運命

民族・国家の治乱興亡を概観すると、最初に革命創業の時代があり、これが継体守文の時代へ移り、さらに無為姑息《むいこそく》から混乱破滅の時代へと変わり、また革命創業の段階に返る、というふうに循環する。これは「命《めい》」であり、絶対的・必然的なものだ。人間は機械的・唯物的であればあるほど、こういう過程を必ず経るのである。

革命創業

人間にこういう「命《めい》」があると同様に、すべての民族とか国家にもやはり「命」というもの、「国命」というものがある。そしてそういう「命」は「徳」というものを作るわけです。その「徳」は法華経の中にある「力」である。そういう観点からみると、「命」は次のように動いてゆく。これをどう処理してゆくかということが人間の力であり、先覚者、指導者、エリートの修養のしどころである。

民族や国家の治乱興亡を概観すると、最初に革命創業という時代がある。この「革命」という言葉だが、これはやはり東洋哲学の「命」という言葉から出てきたのです。revolutionという言葉を訳して作った言葉ではない。これは二千年の昔からある言葉です。「命を革《あらた》める」――つまり「宿命」を知って「立命」をすることを「革命」という。「命を革める」というのは、機械的の正反対です。自主的・創造的なことだ。だから環境に支配され、環境に踊らされるようなのは革命ではない。革命ができる人物というのは非常に自主的・創造的人物です。自主性・主体性のない付和雷同するような者は革命的人物ではない。そこで革命創業の際は必ず自主的・創造的人物が現れる。こういう人は最も溌剌とした、型にはまらない、機械的な考え方に捉われない創造力旺盛な人であるから、英雄豪傑型が多い。

型にはまらない人物とはどういう人物かといえば、幕末、明治の日本の歴史で立ち働いた人々、あるいは中国の歴史でいうと『三国志』や漢楚の興亡の時代に活躍した項羽《こうう》、劉邦《りゆうほう》、韓信《かんしん》、張良《ちようりよう》といったような、在来の型にはまらない、大勢のわいわい連中の思想言論に捉われない、あくまでも自主・自由、自分の見識・信念で観察し行動してゆく人物です。だから『三国志』を見ると、当時の歴史家が、「大学の書生三万人、皆斗筲《としよう》の小人《しようじん》なり。君子之《これ》を恥ず」（あの当時、国立大学が非常に繁栄して、三万人以上も大学生がいたという）と言っている。斗は升や秤《はかり》、筲は竹で編んだ容器です。大学の学生は三万人もいるけれども、みな一山百文の升や秤で量るような小人ばかりで、心ある者は之を恥じた、と評論している。曹操《そうそう》でも劉備《りゆうび》でも諸葛孔明《しよかつこうめい》でも型にはまった人間では全然ない。

あるいは幕末維新の頃を見ても、その当時藩学といって、各藩にそれぞれ大学があった。しかしそういうところからほとんど人物は出ていない。みな自由自学、自分の信念、自分の見識で勉強した連中は、そういう決まりきった型にはまらない人々である。近代のファッショ革命、ナチス革命、あるいはロシア革命などもみなそうだ。ヒトラー、レーニン、スターリン、毛沢東その他、みな型破り、いわゆる紋切り型でない。日本の産業界を見渡しても、第一次、第二次大戦の混乱から叩き上げてきたという事業家には、型のごとき秀才というのはほとんどいない。

そういう英雄とか豪傑が混乱の中から新しい環境を作る。革命創業する。そしてたいていは一生働いて、働くことに満足して死んでしまう。その結果をどうしようなどということは考えない。自分が生きる「命」さえも考えていない。「朝に道を聞かば夕に死すとも可なり」という生き方だ。働くことそのことに感激を覚えて、二一天作の五とやったらどう出るかというようなことは考えていない。まかり間違ったら地獄へ行くかもしれない。うまくいったら天へ跳び上がるかもしれない。どっちも面白いというのがこの英雄豪傑型だ。そうしてこれが時勢を作る。環境を作る。そして死んでしまって次の二代目になる。

継体守文

二代目はどういう人物かというと、『三国志』などの言葉でいうと、「継体守文」の人である。「文」というのは、条例とか制度とか組織をいう。「体を継す」とは、組織とか内容を継承してゆくこと。つまり物堅い、間違いのない人物、安心して任せられる人物、こういう人物が二代目だ。新しいことをやってのけた親父がさんざんやりっ放したあとを受け継いで、そこにできているところのいろいろの内容を取りまとめて、それを後生大事に受け取って次に渡す。これを「継体守文」という。これはつまり秀才型、官僚型、番頭型だ。また番頭型、秀才型、官僚型がいないと、せっかく作った物が壊れてしまうから、おとなしい、間違いのない手堅い後継ぎ、そういう人物が出てくる。

明治維新もそうだ。明治維新で活躍した西郷とか木戸とか大久保などは、みな型にはまらない生き生きとした、したがって理想とか情熱に燃え、独特の見識信念を持った人々である。大なり小なり、高かれ低かれ……。ところが二代目になると学校へ入れられたり、外国へ留学させられたり、なんらかの役に立つように、先輩が作ったものを受け継がれるようにいろいろ仕込まれて育った人たちで、有能で手堅い間違いのない人たちである。が、どうも初代の革命創業の人のようなおもしろみ、感激、大きなスケールなどというものはない。間違いはないけれども、おもしろくはない。立派であるけれども感激がないというようなタイプになってくる。そうすると創業的から保守的になってくる。

無為姑息から混乱破滅へ

ところが人間の思想も生活も、型にはまって決まりきってくると、機械的になり、沈滞して、無為姑息《むいこそく》になってくる。あるいは無事といってもいい。これは三代目だ。つまり間違いがなければいいということになってくる。二代目の物堅さ、手堅さということもなくなって、事なかれ主義、安全第一主義になってくる。「悪はもとより為《な》さず、善もまた為さず」という言葉があるが、めったなことをやってしくじったら、たいへんである。過ちなきを尊ぶ。人間を見たら警戒して、少し変わった話をすると、「引っかかったらたいへんだ、いい加減に承っておくだけにしよう」と、どうしても話に乗らない。

事業家がよく銀行へ行って腹を立てるのはそれだ。「おれはこういうことをやるんだから金を貸せ」というと、さっそく審査部、調査部へ回して、この仕事は安全か、安全でないか、有利か有利でないかということを一カ月も二カ月も調べる。こちらは明日にも金が欲しいのである。いわゆる気合だ、機をつかんでやらなければ仕事にならない。この安全第一主義はのんべんだらりと調べて、「こういう仕事は当行としてはまだ手がけたことがない。先例がないからお断り申し上げる」などと、三カ月も待たせて断ったりする。ところが出来上がった大企業などに対しては争って金を貸したがる。絶対に貸し倒れはないから安全だし、そして儲かる。だからそれほど必要のないところへも「貸してやるから使わないか、使わないか」という。本当に差し迫って必要なところへは一向に金を貸さない。そこで「銀行とは何ぞや。金の要《い》らない者に金を貸して、要るところへ貸さないところを銀行という」なんて定義がアメリカにあるところをみると、どこも同じだろうと思う。こんなことを言うと銀行の人は苦笑いするだろうけれども……。

世間の人が役人に腹を立てるのもそこだ。役人というものは間違いのないように堅くこつこつやっていればいい。姑息の姑は女偏に古いと書いて姑《しば》らくと読む。女も古くなると安全第一になる。亭主や子供のことを考えると何事によらず「まあまあしばらく」で積極的にはなにもやらない。「かぜを引いてはいかんよ、お腹をこわしてはいかんよ」と、おばあさんというのは何でも心配ばかりして、結局何もできない。だから、じじばば育ちはだめなんだ。

役人というのは無事姑息でいきさえすれば、何年かたてば出世もして、定年になったら退職手当や恩給をもらって無事に済む。革命創業的なことをやったら一ぺんに首になるから……。そこで「役人というものはだめだ。何といっても党人でなければだめだ」などと、党人派の連中は言う。しかし役人側に言わせると、「ああいうのに任せたらいったい何をやるやらわからない」という。結局官僚派と党人派とは両方合わない。党人派もいいが、無頼漢みたいな党人派になったらまた困る。命《めい》を革《あらた》めるではなくて破壊になってしまうから……。

そこで安全第一主義でゆくと、間違いのないのはいいけれども、人間というもの、生命というものは、もともと活動的だから、それが型にはまってしまうと萎靡《いび》沈滞ということになる。人間が衰弱し、民族・国家が衰頽してくると、人間世界もいろいろの波瀾動揺がある。人体が衰えてくると、いろいろの病気が起こり、ちょっとした外界の刺激にあってすぐ抵抗力がなくなるようなもので、ここにおいて動乱が始まり、混乱破滅ということになってくる。こういう過程をたどる。

こうして混乱破滅にまかせておいたらたいへんだから、また革命創業の段階に返ってくる。こういうふうに循環する。これは「命」である。絶対的・必然的なものだ。人間は機械的・唯物的であればあるほど、こういう過程を必ず経るのである。

現代日本の悲劇

日本も明治で言いますと、明治天皇の晩年までは、世界の奇跡といわれるほど躍進した。ところが、維新の元勲が世を去って、二代目が跡取りになって、明治末期から大正の初めにかけては、物堅い間違いのない、しかし前代の気風をやや受けてしっかりした人々がいた。私などは大正の初めには、このクラスの人を革命創業の気風を解する、いい意味の継体守文的な人としてよく知ることができた。それが大正末期から昭和の初めに入ると、政界でも経済界でも思想界でも、「無為姑息《むいこそく》、ただ過ちなきをこれ務む」というふうに日本の指導層がなってきた。

そこに第一次世界大戦を経験して、こんな状態では萎靡《いび》沈滞して混乱破滅してしまうというので、昭和の初め頃から革命創業の説が盛んになってきた。誰が始めたかというと青年将校である。それから満洲だの北支だのへ行っていた満鉄その他、国家機関としての産業界に勤めていた意気盛んな青年、さらにそれらと共鳴した内地の青年官僚、大学生など、いろいろの連中が革命創業の想像に駆られたのです。想像に駆られたが、彼らは本当に三国の時代、楚漢の時代、あるいはヨーロッパでもしばしば経験しているような、国を挙げての激しい動乱の中で鍛えられ、そこから生き抜いてきたのではない。日本という島国の、大陸の風雲の及ばない、長いあいだ無為姑息を続けてきた環境の中に育った連中であるから、気概だけは盛んであったけれども、精神も頭脳も鍛えられていない。英雄豪傑的学問・鍛錬を受けていない。だから大いに革命創業を気取ってやったけれども、やったことは実は非常な混乱破滅を起こしたにとどまるのです。そして事志《ことこころざし》と違い、満洲でやり損ない、次いで大東亜戦争をやり損なって、本当に日本をぶち壊してしまった。これは日本の悲劇です（三六頁参照）。

日本はドイツやイタリアのように国土に敵を受けて、敵に席捲され蹂躪《じゅうりん》されて地獄の苦しみを嘗めたというのなら、かえって革命創業へ進むことができたかもしれない。ところが日本は、沖縄だけは例外だったが、本土を水火の地獄に陥れるということはなく、平和的終戦をして、米軍が一兵をも損ずることなく無血進駐をした。その結果、油をしぼられるようなひどい目にあうかと思うと、そうではなかった。それまで飲む物も食う物も見る物も何もないという、長い戦争による疲労困憊のところへ進駐軍が来てくれて、酒も飲める、煙草も吸える、雑誌も読めるし映画も見られる、男女関係も解放される。進駐軍さまさまということになって、敗戦国としてはまことに甘やかされたことになった。そして憲法から始めて、みな先様お手盛りの物をありがたくいただいた。これを日本の国の革命というけれども、これは革命ではない、先様から突きつけられたものを意気地なく受け取ったにすぎない。

例えば労働組合でも日教組でも、共産党でも、みな進駐軍のおかげでこしらえてもらって、進駐軍に尻を叩かれてにわかに強くなって、革命革命と言い出した。その後、自由主義諸国と共産勢力とが対抗するようになると、この左翼の連中はアメリカからソ連・中共へ走って、その尻押しでソ連・中共から金をもらって、革命革命と言っている。こんな革命などというものは革命ではない。革命を気取っているだけの、レーニンの言葉でいうならば「革命小児病」、左翼小児病患者だ。こういうものは日本をますます悲惨に陥れるだけであることは明々白々だ。

革命創業の条件

本当の革命創業というものは、従来の型にはまらない自主創造の精神・力量の旺盛なものでなければならない。イタリアを革命したものは生粋のイタリア人、ドイツを革命したものはドイツ魂の権化だ。ロシア革命でも、フランスでも然《しか》り。日本でも生粋の日本人、日本精神の旺盛なる者でなければ、革命などできるものではない。借物の煽動に踊らされるようでは、話にならない。

のこのことお手当を頂戴しに中共へ出かけて行き、向こうの支配者に叩頭《こうとう》跪拝《きはい》して、毛沢東から「君たちの友人が来て日本をわが国の一省にしてくれという申し入れもあったけれども、それは考え直したほうがよかろう」などと言われて、得々としているなど（月刊誌「世界」に発表）、これくらい民族の恥はない。世界どこの国、いかなる歴史の中にも、この間まで戦った他国の支配者のところへ出かけて行って、祖国をその国の一省にしてくれなどという、そんな革命家がどこにいる。社会党の代議士などが抜け抜けとそれを自分で発表しておるが、帰国の挨拶に廖承志《りようしようし》（一九〇八〜八三、中国の政治家。日中貿易交渉で活躍）のところへ行ったら、「あなたは帰るのではない。日本に革命的な環境は十分に出来上がった。あなたは革命の闘士として日本という前線に出動するという覚悟でお帰り願いたい」と言われて感激して帰ってきたなんて、こんな革命家が世界の歴史のどこにあるか。これではまさに走狗だ。

この日本を救うには、本当に日本的な魂を持った、なんら型にはまらない自主の精神に徹した人間でなければならない。日本の革命はまだ先だ。

こういうことがいわゆる「命《めい》」である。だから「命を知らざれば以て君子たること無きなり」である。

存在するものは、すべてなんらかの内容をもって構成されている。その全体を構成している部分と部分、部分と全体との円満な調和と秩序、これを「礼」という。

礼

次に「礼を知らざれば以て立つこと無きなり」。

「礼」とは何か。およそ存在するものはすべてなんらかの内容をもって構成されている。その全体を構成している部分と部分、部分と全体との円満な調和と秩序、これを「礼」という。

自分

世界で自分自身のことを「アイ」とか「イッヒ」とか「我《ウオ》」というが、日本語が一番発達しておる。これは優れた言語学者が感心しておるが、「自分」という言葉は、「礼」というものをみごとに端的に表しておる。自というのは独自だ。即ち自ら用い、自ら得るという自由、いかなる独自のものも必ず他の独自のものと、あるいは自己がたくさんあるのだから、(仏教の言葉でいうと)これを他己という。全体を作っている自己は独自であると同時に、全体の一部分である、分である。即ちこれを通じて自由であるとともに分というもの、分際というものがある。

我々は独自の存在であると同時に、他己に対する関係があり、全体に対する関係がある。その渾然として一つにしたものを「自分」という。だから自己のことをいう自分という言葉は哲学的に考察して実に優れた言葉で、したがってそういう優れた言葉を使っている日本人というものは精神的・文化的に非常に優秀な特質を持っているということがそれだけでも分かる。

ところがこの頃の日本人は根本を忘れてしまっている。これでは大きな自己破滅である。「礼を知らざれば以て立つこと無きなり」、立てない、動揺し転覆する。秩序、調和ということを失っては存在できないのである。

今の世にはびこっている思想に、間違った思想が四種類ある。第一は「詖辞《ひじ》」〈偏った議論〉、第二に「淫辞《いんじ》」〈でたらめの議論〉、第三「邪辞」〈胸に一物を持って言う邪《よこしま》な理屈〉、第四「遁辞」〈責任回避の逃げ口上〉である。〈孟子《もうし》〉

言

「言を知らざれば以て人を知ること無きなり」

人間は「言」を知らなければならない。これは今日の言葉でいうならば思想言論、あるいはイデオロギーだの主義主張をいうもので、これが分からなければ、人間というものは分からない。孟子《もうし》は「我よく言を知る」（公孫丑章句上）――思想問題というものを自分はよく認識している、と言っております。すなわち、今の世にはびこっている思想に、間違った思想が四種類ある。

詖辞

一つは「詖辞《ひじ》」――偏った議論。今日の人間は、なにかというと左翼だ、右翼だと言うが、これくらい無内容な、浅薄な考えはない。人間はいつでも正しい自主的・総合的見地からものを考えなければならない。世間に流行しておる他愛もない既成の考え方、イデオロギーに捉えられてはいけない。偏った議論はだめだ。直ちに人間を右だ左だと分けたり、ブルジョアとプロレタリアに分けてみたり、どっちかに傾けて解釈する。そういう詖辞では本当のことがわからない。「詖辞は其の蔽わるる所を知る」。

淫辞

それから「淫辞《いんじ》」――でたらめの議論。なんでも自分の思うところを通そうとする、この頃の議会の言論みたいなものだ。与党のいうことにはなんでもかんでもケチをつけ、理屈をこじつけて、自分の目的を押し通そうとする。即ち屁理屈をつけて無理押しをする。そういうのを淫辞という。この場合の淫というのはセクシュアルという意味ではなく、でたらめな、自分の欲を押し通すという意味である。これは自分の虫のいい理屈を押し通してゆくのだから、どこかで必ず破綻をする。例えばむやみやたらに暴力はいけない、暴力はいけないといって、社会党や総評がなんでも政府案に反対反対とやっておると、今度は有識者などから、個人暴力はいけないが集団暴力はなお一層悪いといわれると、どうも具合が悪くなってくる。こういうのが「淫辞は其の陥る所を知る」――虫のいいことばかりやっておると自分で墓穴を掘ることになる。

邪辞

それから「邪辞」というのがある。胸に一物を持って邪《よこしま》な理屈を言う。

「高殿に登りて見れば煙立つ民のかまどは賑わいにけり」

この歌は、天皇という搾取者が人民を苦しめて作り上げた高楼から下界を見て、「あそこに煙が立っている。あそこはまだ余裕があるからもっと搾取してこい」といっている歌であるとするのは、あまりにも邪辞だ。「邪辞はその離るるところを知る」――こういうのは真理を離れ、真実を離れておるものだ。だから人もみな離れてしまう。

遁辞

次に「遁辞」というのがある。「遁辞はその窮《きわ》まるところを知る」――これは責任回避の逃げ口上というやつだ。遁辞はどこかで必ず行き詰まる。

これらは孟子がその時代の思想言論というものに、いかに詖辞《ひじ》、淫辞《いんじ》、邪辞、遁辞が多いかを指摘し、びしびし批判したもので、たしかに彼はよく「言」を知った人である。現代の思想というものを本当に自主創造の権威のある立場から明確に批判してはいけないようでは、真に人を知ることはできない。これは永遠の真理というものだ。

日本の現代もまことに孟子の言うとおり、あら[illegible]

っていると言っても少しも差し支えない。

第五章　「真の自己」の発見

君子は其の位に素《そ》して行ない、その外を願わず、富貴に素《そ》しては富貴に行ない、貧賤に素《そ》しては貧賤に行なう。夷狄《いてき》に素《そ》しては夷狄に行ない、患難《かんなん》に素《そ》しては患難に行なう。君子入るとして自得せざるなし。

君子素其位而行、不願乎其外。素富貴行乎富貴、素貧賤行乎貧賤、素夷狄行乎夷狄、素患難行乎患難。君子無入而不自得焉。

〔中庸〕

「素行」の意味

これは有名な「素行自得」という熟語の典拠で、『中庸』のなかの最も有名な一章です。この中で一番大事なのは「素《そ》」という言葉と「自得」という言葉だ。これが眼目である。

君子、つまり立派な指導者はその位に素して行なう。自分の立つ場、自分の存立する場に素して行なう。

素は普通「もと」と読む。元来この文字の始まりは絵を描く白い絹、素絹《しろぎぬ》のことです。この素絹がなければ表現のしようがない。つまり絵画という芸術を表現する生地《きじ》だ。それから素地という意味になる。したがって素質、本質という意味になる。いろいろの表現技術、あるいは着色などは、みな素絹の上にやるわけだ。

そこで『論語』八佾《はちいつ》篇に「絵の事は素より後にす〈絵事後素〉」という名高い言葉がある。ここから後素という語をとって大塩平八郎が自分の号にしている。大塩平八郎はもと中軒といったが、後に中斎に改めた。これでわかるように、中庸を旨とした人だ。この人が一つは性格、一つは時勢に迫られてああいう幕末の反乱（一八三七年、大塩平八郎の乱）を起こしたのであるが、彼としては心ならざるところであった。それは別問題として、大塩平八郎が後素と称したのはここから取ったのです。

一部の学者はこれを「素を後にす」と読んでいる。これは絵を描いて、いろいろ色彩を施して最後の仕上げに白色を使うこと。これに対して、朱子は「素より後にす」とする。素は素絹のことで、着色即ち文化というものはその後で施すもの、素質が大事だと解している。このほうが私はいいと考える。

人を指導する立場にある人、いやしくもエリートたる者は「其の位に素して行なう」――自分の立場に基づいて行なう。自分の場から遊離しないで行なうものである。現実から遊離するのが一番いけない。

ところが人間というものはとかく自分というものを忘れて人を羨んでみたり、足下《あしもと》を見失って、ほかに心を奪われる。職業人としてもそうだ。自分の職業に徹するということは案外少ないものである。たいていは自分の職業に不満や不安をもって他がよく見える。「学校の先生くらいつまらないものはない、それに比べると会社員はいい」とか、「役人は結構だ」とか他を羨む。いま医者と厚生省が喧嘩しているが、医者は医者で、真の医という仕事に素しておる人、それにしっかり立っておる人は案外少ない。とにかく、いま日本で社会的に困ることは、多くの指導者がその場を遊離して騒ぐことだ。例えば学生が自分の学業を放擲して、むやみに大衆運動にとびこんでゆく。教員が大事な教壇を放擲して、革命だ、反政府だ、なんとか闘争だといって騒ぐ。

現実遊離の考え方

およそ日本の指導者を以て任ずる人たちに反素的傾向、つまり自分の場を遊離する傾向が非常に強い。これは根本的に考えると、日本の恵まれた歴史や、地政学的な位置にその原因がある。日本の国家生活、つまり日本の国民と国家という立場から歴史を見る時に、世界に珍しいことだが、日本はかつて異民族から征服侵略されたことがない。元寇のとき、少々海岸を脅かされたくらいのことで、国土を挙げて敵と屍山血河の大決戦をしたとか、数十年、数百年、敵の征服下にあらゆる虐政を経験したとか、侵略軍に抵抗して革命を起こしたなどという経験はない。このあいだ初めて戦《いくさ》に負けて米軍の進駐管理を受けたけれども、国民として現実生活に苦しまなかった。むしろ物質的には恵まれた。だからたくさんの人間が進駐軍、進駐軍と阿諛《あゆ》迎合した。ドイツやイタリアは同じ敗者の立場にあったけれども、これは本土に敵を受けて、国を挙げて戦い、敵の蹂躪《じゅうりん》を被った。日本はそういうことはない。

こういう国は内乱があるはずなのですが、国を挙げて内乱に苦しんだという歴史も、幕府三百年以来ない。幕末維新に一部の指導階級が多少騒いだけれども、それとて高度に発達していた各藩の藩政のおかげで、国民大衆としては、政友会が憲政会に変わるとかいうのとたいして変わらない。だから明治維新のような変革は、実は大革命であって、よその国ならば血で血を洗う大惨劇を演ずるところだが、三百年も覇権を握っていた徳川氏が政権を奉還しただけで、いわゆる平和革命をやった。三百年も領土・人民を私有していた各大名から、その土地・人民の所有権・支配権を取り上げるということは、外国ならば大革命で、惨憺たる粛清をやらなければならない。ところが日本は版籍奉還といって、薩長土肥をはじめとして各大名が自主的に民主的精神と方法によって国家へ返還した。こういうことは外国に例がないことです。そういうことはマルクス・レーニン主義者などは一番感心しなければならないのに、この連中はそういうことをさっぱり考えない。天皇、皇室をむやみに謗《そし》り、西洋歴史と同じ範疇で、感情で考えるのは大きな間違いである。

これは日本の非常に恵まれた歴史的な事実であるけれども、このために日本の国民一般は良家の子女と同じで、世の中の苦労をした子供たちと違って、家庭のありがたみ、父母の恩ということがわからない。人に向かってはよく家を自慢をする。親の光で生きているくせに、家だの親だのをありがたくは思わないで、むしろ不平ばかり言う。またそういう心理に迎合して、いわゆる詖辞《ひじ》、淫辞《いんじ》、邪辞を述べ立てる煽動屋が、「家庭は牢獄である」というような悪知恵をつける。そういう評論や小説を読むと、そんなことばかり興味を持つ。親父やお袋はいつも目を光らせていて自由を束縛する。だいたい親父は頑固でものが分からない。お袋はケチで小遣いをくれない。そういうことばかり書き立てるものだから、むやみに隣の家がよく見える。隣の家は幸福で理解があって、仲よく豊かにやっておるように思う。これは良家の子弟によくある妙な一種の心理である。

そういう心理が国家的にもあって、甘やかされた日本の思想家とか評論家とか社会運動家という輩《やから》は、日本国家のことになると、なんでもケチを付けたい。そしてよその国はばかによく見える。昔はアメリカ崇拝、イギリス崇拝、第一次大戦後ムッソリーニが奮起し、ヒトラーが大いに威権を振るうに及んで、猫も杓子もムッソリーニ礼讃、ヒトラー崇拝になった。そのうちに、これが没落するとまた英米崇拝、進駐軍崇拝、スターリンが時めいてくるとスターリン崇拝、そのスターリンが打倒されると、今度は毛沢東、周恩来、なんでもよその国を崇拝する。ソ連や中共のやっておることはみな良い。日本でやっておることはみな悪い。それは金持ちのどら息子やどら娘と同じ心理だ。これもつまり現実を遊離した「位に素《そ》さぬ」考え方だ。

羨むに足る金持ちなんて、そうあるものではない。……富貴だの貧賤だのというものは、突きつめれば同じものだ。同じものでなければ本当の富貴や貧賤ではない。

富貴に素しては

「富貴に素《そ》しては富貴に行なう」——自分が富み、あるいは高い地位に就くことがあれば、その位に素し、現実に立脚して、その地位の意義・使命を十分発揮する。富めばその富というものの意味、その力を十分活用する。

その反対に、「貧賤に素しては貧賤に行なう」——人間はあらゆるものに意味がある。富貴には富貴の意味・効用がある。一利あれば一害ありで、その反対に貧賤は貧賤でまたその意味効用があって、悪いことばかりではない。少なくとも貧乏したり下積みになって苦労をすれば、本当の人間味、人生、社会というものの真実のある面を知ることもできる。

貧賤は貧賤で、富貴では得られない意義もあるし快楽もある。

大金を持ったことのない者は金というものを羨むけれども、羨むに足る金持ちなんて、そうあるものではない。昔のように甕《かめ》に金を詰めて埋めておくという時代ではない。今は現金を持っていたら、これくらい危ないことはない。タンス預金は火事でもあれば焼けてしまうから、いつもびくびくしていなければならない。火事ばかりではない、泥棒という奴もいる。そこで株券に頼る。そうすると株は上がり下がりするから、それが苦になって四六時中、上がった、下がったと、そんなことばかり心配になる。自分に縁もゆかりもない株を持っているというだけで、その会社のことを始終気にかけなければならない。大の男がそんなことに気を取られていて人間が進歩するだろうか。

そんなことでは、人間が金を持っているのではなくて、金が人間を持っているということになる。こんな苦労は貧乏人はせずにすむ。あるいはインチキなブローカーみたいな人が来て、お為ごかしにペテンにかけるやら、付きまとうやら、さぞうるさかろうと思う。そういうものを何も持たないというのは実にさばさばして気持ちがよかろう。これはいわゆる貧賤の楽しみというものだ。それを負け惜しみという人がいるが、負け惜しみなどと考えている間はまだだめだ。本当に徹底した人は実にさばさばしたものだ。

貧の哲学

貧賤に関する古人の文献を集めて、「貧の哲学」「貧の文学」という本を書いたらさぞおもしろかろうと思う。暇があったらやってみたいことの一つだが、痛快な文献がたくさんあります。昔から思い切って金を儲けたり、あるいは位は人間として極致に至った人がそのすべてを捨てて——お釈迦さまがその模範だが——山に入った、あるいは、もう人間の顔を見るのもいやだといって行方をくらました人やら、少なくとも山野に隠棲して自然と読書を楽しんで悠々として終わったという人がたくさんいる。ああいうふうになったら実に尊いものだと思う。

鎌倉に誠拙という、建長寺を開いた非常な名僧がおりました。たいへんな金持ちの信者が、今でいうなら何千万円とか何億円とかいう金を寄付した。すると和尚は、「ああそうかね」と言ったきりで礼も言わない。そこでさすがの信者も腹に据えかねて、「老師、このお金はたいへんなものですが、お礼の一言くらいおっしゃったらどうですか」と言ったら、和尚目をむいて、「なにを言うか。お前さんがいいことをするのに、なんでわしが礼を言うか」と言ったという話があるが、これは考えてみればそのとおりだ。そういうふうになると人間はおもしろいね。

富貴だの貧賤だのというものは、突きつめれば同じものだ。同じものでなければ本当の富貴や貧賤ではない。

いかなる所へ行っても、牢獄へ入れられても、島流しにあっても、悠然としてふだんと変わらないようになるのには、よほど自分を作らなければならない。そういう意味では、不遇・逆境というものは自己を練る最もいい場所だ。

夷狄に素しては

「夷狄《いてき》（中国周辺の異民族の総称。野蛮人）に素《そ》しては夷狄に行なう」

――本当に自己が充実してきたら、どこの国へ行っても、どんな境地に処しても悠然としておることができるわけです。自分という人間が出来ていないと、少しでも居所が変わるとじきに神経衰弱になる。いわんや文明生活から少し野蛮生活に入るとすぐ参ってしまう。

私は戦争直前にヨーロッパに行った。今のように飛行機がないものだから船で行った。

神戸を出て地中海に入って、私はナポリに上陸したのだが、そこまで行くのに約一カ月かかる。インド洋だけでも一週間くらいかかる。明けても暮れても漠々たる雲と波ばかりだ。まずシナ海に入ると、ぼつぼつ神経衰弱になる人がいる。インド洋あたりへゆくと飛びこみかねまじき者が必ず二人か三人はいる。ヨーロッパやアメリカ人と違って、日本人は情けないことに、ノイローゼにかかる者がずいぶんいる。これは「自ら養うところがない」ものだから環境に負けるんだね。

いかなる所へ行っても、牢獄へ入れられても、島流しにあっても、悠然としてふだんと変わらないようになるのには、よほど自分を作らなければならない。そういう意味では、不遇・逆境というものは自己を練る最もいい場所だ。心がけがよければ牢獄の中でもずいぶん学問もできる。大学へ三年も六年も通って外国語を勉強しても、手紙一本ろくに書けないのが大半だ。けれども半年も牢屋におれば、英語の本を読んだり、手紙を書いたりすることはわけはない。仕方がなく、それ専門に打ち込むからだ。

患難に素しては

「患難《かんなん》に素《そ》しては患難に行なう」——病気をすると、辛いことは辛い。しかし、またその病気の中に無限の意味もあり、効用もある。快楽もある。私は十数年前にある薬を医者に飲まされて、それが私の体に合わないで全身に麻疹が発したことがある。ことに首から上がくずれたようになって閉口した。医者は入院せよと言ったり、何を食べてはいけない、酒を飲むなと言う。

その頃たまたま私は進駐軍と農士学校（注・埼玉県嵐山町菅谷の日本農士学校。昭和六年に著者が創立。現在はその一部が財団法人郷学研修所となっている）のことで大げんかの最中であった。進駐軍は私の金雞《きんけい》学院（注・昭和二年に著者が創立）を没収し、事業を解散させ、財産を没収し、私を追放すると言う。それはご勝手だけれども、進駐軍は農士学校をも没収して、そこへファーザー・フラナガンで有名な「少年の町」という、不良少年を教育する町を造るという。それで私は憤慨してマッカーサーに手紙を突きつけたり、大げんかしたことがある。

そういう時に入院したり、飲まず食わずでいたのではなにもできない。そこで医者に、「そういうのを凡医というので、ふだんのとおりに治さなければなんにもならない。おれが治してみせるから心配するな」と言ったら医者はたまげていた。私は酒を飲み、うなぎや天ぷらを食い、体力をつけるほうをどんどんやる。その代わり病気のほうもどんどん激しくなる。要するにプラス・マイナスでプラスになればいいんだから、ちょっと暇がかかったけれども、一日も入院せず、一日も飲食を絶たずに、むしろ逆療法をやって、一カ月ほどでみごとに克服したことがある。

その時に病気もいいもんだと思ったことがある。それは温泉の湯の花薬湯を作り、その中に入ると、その湯が痒い所へキューッとしみる。これを痛快とはまことによく言ったもんだ。その痛さの快感たるや言うべからずだ。人生無上の楽しみだと思った。何でも意義と快楽がある。

人間はまず本当の自分——絶対的な自己を摑まなければならない。これを仏教では「見性《けんしょう》」といい、『論語』では「修己」〈己を修む〉、あるいは「知命」〈命を知る〉という。これが「自得」である。

自得

「君子入るとして自得せざるなし」——自得ということは自ら得る、自分で自分をつかむということだ。人間は自得から出発しなければならない。金が欲しいとか、地位が欲しいとか、そういうのはおよそ枝葉末節だ。根本的・本質的にいえば、人間はまず自己を得なければいけない。本当の自分というものをつかまなければならない。ところが人間いろんなものを失うが、何が一番失いやすいかというと自己である。人は根本において自分をつかんでいない。空虚である。そこからあらゆる間違いが起こる。人間はまず根本的に自ら自己を徹見する、把握する。これがあらゆる哲学、宗教、道徳の根本問題である。

楠木正成《くすのきまさしげ》が若かりし日に奈良の片ほとりを歩いていた。たまたま一人の僧侶と行き会った。お互いに名を名乗り合って、四方山《よもやま》の話をしながらしばらく道づれになって行くと、ふと僧が「楠木左衛門尉《じょう》正成！」と呼んだ。「はい」と返辞をしたら「それは何だ！」と聞かれて正成はギャフンとなった。それから正成は学問をしたという逸話がある。嘘か本当か知らない。少しうまく出来すぎているが、これは痛い話だ。また非常に有益な話だ。

独立・独歩

諸君もそうだ。皆それぞれ名前を持っているが、考えてみたらかけ替えのない、天地万物の中に唯一無二である。その「独」というものは人の世から離れた、さびしい隠者の一人という意味ではなくて、「絶対」という意味だ。「独立」というものはなんら他に依存せず、自分自身が絶対的に立つということだ。「独歩」ということは群衆と一緒に歩くという意味ではない。自分が絶対的に自立自行するということだ。人の厄介にならない、自分自身が絶対、つまり相対を絶することだ。自主自立して歩くことが独歩である。そういう意味の独自、絶対的な自己というものをどれだけ自分が本当に知っているか。これを仏教では「見性《けんしょう》」という。『論語』ではこれを「修己」――己を治む、あるいは「知命」――命を知るという。これが自得である。「君子入るとして自得せざるなし」。

第六章　東洋哲学の妙味

東洋の本当の学問をやった人、いわゆる悟道し道を修めた哲人は、骨の髄まで学問になっている。これに対して西洋の思想家・学者は、知識や教養は豊かで洗練はされていても、人物が本当に磨かれて、学問と同じように人間が出来ているという人は非常に少ない。

天人相関的思惟

東洋哲学と西洋哲学を比較研究してみると、いろいろのことが明らかになるが、こういうことは知っておくとよろしい。これもものを考える大前提、学問をする前提であります。大所高所に立てば、人間のことはすべて共通で、西洋哲学も東洋哲学も同じことだ。しかし差別に即すると、天地万物一つとして同じ物はない。それぞれ違う。それぞれ違いながら同《どう》じておる。そこに宇宙・人生の妙味がある。神秘がある。だから同じ面に即すれば、いわゆる同観すれば「万物は一つ」だ。差別に立てば、異なる面からみれば、ことごとく「独自」である。

そこでそういう差別観から見てゆくと、東洋には東洋、日本には日本のいろいろ面白い個性がある。東洋哲学の個性的な妙味というものはいろいろありますが、その大きな特徴を一つ言いますと、「天人相関的思惟」にある。言い換えれば、自然と人間とを一如して見る(一つのものとして見る)。自然と人間を一貫して考える。人間本位に言うならば、人間というものを自然に溶け込ませて観察し、思索する。人間の中に自然を見、自然の中に人間を見る。人と自然と渾然一体となって観察し認識する。そういう特徴を持っている。

これに比すると、西洋のほうは常に自然と人間を分ける。自然から人間を分かつ。どこまでも自然というものから人間を派生させる傾向を持っている。

東西の相違

ドイツの歴史的作家の一人にワイセ(C. F. Weisse)という人がいる。この人の格言がドイツ人の間でよく愛誦されている。私が第一高等学校にいる時分に、ユンケルという、いかにもドイツ人らしい剛毅朴訥《ごうきぼくとつ》なドイツ語の先生がいた。我々がよく怠ける。エスケープといって出欠を取られる時に代返を使うと、それを先生はよく知っていて、あるとき全員がえらく叱られた。与えられた宿題をいっこうにやってゆかない。「この次やります」などと言って皆が逃げたら、その時に、「わがドイツにこういう格言がある。短くてすぐ覚えられるから皆よく覚えろ」と言って、

Morgen, morgen, nur nicht heute! Sprechen immer träge Leute.

「明日やる、明日やると言って、明日になれば、また明日やる、まあ今日だけは、といつでも怠け者は言うものだ」

いかにもそうです。「明日やろう、まあ今はいいだろう、止めとこう」と。この詩を覚えさせられて、宿題をごまかすとこれを暗誦させられたものだ。

私が宿題をやってゆかなかったら、引っかかってさっそくやられたが、「そんなことはつまらん」と言ったら、ユンケル先生目玉をむいて怒った。「何がつまらんか」と。「それはごもっともだけれども、我々東洋の文学、哲学的な考え方からいうとつまりません。東洋人はもっと風流に、もっと文芸的に言います」。「どう言うんだ」。そこで、

「明日ありと思ふ心のあだ桜、夜半《よわ》に嵐の吹かぬものかは」

これは翻訳がなくて弱ったね。「あだ桜」というのはどうも翻訳ができない。それを英語やドイツ語やらチャンポンでなんとか説明した。「明日ありと思ふ心のあだ桜」――明日桜を見に行こうなどというのはだめだ、今夜半に嵐が吹くかもしれない。すると桜は一晩で散ってしまう。それは同じことなんだ。そっち（ワイセの格言）はただ理屈を言っている。ごもっともだけれど面白くない。そこを東洋人は「明日ありと思ふ心のあだ桜」、人間のことを自然の春の桜の景色にたとえて、そこに嵐を持ってきて、「夜半に嵐の吹かぬものかは」といえば、どんなつむじの曲がった奴でも「なるほどな」と感心し、納得する。ところが反抗期の若者には、「morgen, morgen, nur nicht heute!……」と言ったって「なにぬかしやがる」と反抗するだろう。そこに東洋流と西洋流の非常に違うところがある。

「むっとして帰れば門の柳かな」

なんてうまいね。むっとして帰ったら、女房の面がしゃくにさわってひっぱたいたなんていうのは文学にもならない。むっとして帰れば門の柳が春風に揺れて、いかにも春の柔和な姿だ。というふうに、人間からすっと自然に入る。自然からほのかに人をのぞかせる。

「そこもとは涼しそうなり峰の松」

という芭蕉門下の各務支考《かがみしこう》の句がある。お前さんは涼しそうだね。我々は下界で有象無象《うぞうむぞう》の間でまごまごしておるからよけい暑い。峰の一本松は超然としているからいかにも涼しそうだ。「人間は超越するに限る」と言ったのでは気障《きざ》だが、「涼しそうなり峰の松」と言えば、「そうだそうだ、おれもあんな馬鹿どもを相手にばたばたしておったのではしょうがない」という気になる。これは東洋哲学の一つの特徴です。それを鍛え抜いて生かしたのが禅というものです。それは理屈で考えたり、理屈で答えない。体で考えて体で出すのです。つまり、「自得」が問題なのです。

無住心

私の好きなお経の中に「金剛経」というのがある。このお経は儒学者もよく読む経典の一つです。この金剛経に関して、長安の青龍寺というお寺のなんとかいう名僧が権威のある註釈を書いている。この青龍寺という寺は弘法大師の師匠の慧果《えか》という人の寺で、日本からはこの寺に弘法大師以来、ずいぶん名僧が行っています。この青龍寺は金剛経の名所で、その後、弘法大師や傳教大師とほとんど同じ頃の人で周何某（後の徳山宣鑑）という人がいて、この人が周金剛と呼ばれるくらい金剛経に達していた。

その頃、湖南から浙江、福建へかけて禅が非常に勃興した。周和尚は四川省の人であったが、新興宗教の禅に納得がいかず、好敵手を求めて論破してくれんものと意気込んで、青龍寺の金剛経註疏をかついで、禅宗の本場の湖南に出かけた。その途中腹が減って茶店に寄ったところが、婆さんがいてそこに餅がある。「その餅をくれ」と言った。

中国ではお八つのことを点心という。人間が疲れた時にちょっと一杯飲んだり何かつまむと気分がふっと変わるでしょう。それで文字の国だけあって、お八つのことを「点心」という。「点心をくれ」と言ったら、その婆さんは大変なしろもので、「和尚さん、今あなたは点心をくれとおっしゃったが、見ればたいへん荷物をかついでおられるが、一体なにが入っておりますか」と聞いた。「これは長安青龍寺の有名な金剛経の註釈だ」。すると、「そうですか、あなたは金剛経をおやりですか。それでは伺いたいが、お返事ができれば餅を差し上げましょう。できなければよそへ行ってください」と言う。えらいことをいう婆さんがいたものだ。和尚びっくりして、「一体なんだ」と言うと「その金剛経の中に、過去心不可得、現在心不可得、未来心不可得ということが書いてある。今点心をくれとおっしゃったが、何の心を点じようとなさるのか」と、こう言われて、ぐっと詰まって返事が出ない。

それから考えた彼は、おれは田舎婆にも及ばない。田舎の婆さんがこれだけ勉強している。論語読みの論語知らず、金剛経読みの金剛経知らずだったと。それで従来のすべて一切を捨て無心になって龍潭禅院の崇信和尚に参じた。この「無心」ということが金剛経の眼目である。それを論語読みの論語知らずで気が付かなかった。

「応《まさ》に住《じゅう》する所無《な》くして而《しこう》して其の心を生ずべし」（応無所住而生其心。「住する」はとどまること）。これを「無住心」という。老婆の一言によって彼ははじめて悟った。そして龍潭の崇信和尚に参じたのである。

一灯公案

ある晩遅くまで和尚が師の坊に参じていたとき、師の僧が、「もう夜もだいぶ更《ふ》けた。帰って休まぬか」「ありがとうございます」と言って縁に出てみたら真っ暗だ。明るい部屋から急に暗がりへ出たものだから全然見えない。そこでまた引き返して、「外は真っ暗です」と言った。すると師匠が手燭をつけて「これを」と差し出した。「ありがとうございます」と、それを受け取って出ようとしたとき崇信禅師がフッとその火を吹き消した。そのとき彼はハッと気がついた。それからだんだん自得することができたという。

言葉で教えない。言葉で教えたら理屈になるから、不良少年でも門前の小僧でも覚える。そんなものはだめだ。世の中の学者がつまらない原因は大体そこにある。学者などというのは、いろいろ本を読んで覚えればいいんだ。学校生活がつまらないというのは、いろんな先生の講義を聴いて、ノートを取ってそれを暗記して、二時間か三時間の試験の時にそれをざっと書いたら修士とか博士とかいうものになれる。そんなふうにして得たものは、いわゆる〝口耳三寸の学〟というやつで、人間の体になっていない。

自得というのは体にならなければならない。体でつかまなければならない。

生理学でいうと大脳皮質というものがある。そこには何段もあるらしいが、だんだん後になるほど大脳皮質というものが活動してくる。人間はオギャーと生まれた時から、大体脳細胞は大人と同じだけのものがある。これは本能や人間の体になっておる精神活動を司る。その裏側は人間のいわゆる知識だの思想だのというもの、薄っぺらな上っ調子なものだ。それが本来の脳細胞と統一されると、「体になった」という意味がある。それには、ちょっと本屋で覚えたというようなインスタント知識ではだめだ。やはりいろいろ病気をしたり、叩かれたり、滑ったり転んだり、年季を入れて叩き大工が十年も二十年もやるようなもので、叩きこまなければだめだ。

私などは七つの時に四書五経をやり出してから五十年、六十四歳の今日（昭和三六年）に至るまで叩きこまれて、自分で叩きこんできたから、やや体になっておる。そこは駆け出しの小僧とは違う。諸君も同じことだ。叩きこまなければいけない。一つのことを叩きこんだらすべてのことに通ずる。一芸は百芸に通ずる。雑識・博識というのはだめだ。

ところで、今の周和尚と崇信禅師の話だが、外は真っ暗で途方にくれて、いわゆる文目《あやめ》も分からないから引き返してきた。提灯を渡されて喜んで、提灯に頼って「これさえあれば……」と思ってまた出てゆこうとしたら、フッとその火を消された。「これさえあれば……」ということがなければ放っておいたでしょう。この「これさえあれば」という、頼むものを取り上げねばならない。ということは、つまり、「絶対的自己を得る」ことで、借物ではいけない。そこでわざわざ提灯を貸してやって、「ありがとうございます。これさえあればもう大丈夫」と思ったとたんにフッと消す。

この頃の思想家・学者も同じです。キリスト曰く、孔子曰く、やれ釈迦曰く、マルクス曰く、スターリン曰く、毛沢東曰く、そんなことをみな借物でやっている。それをフッと消す。つまりその人物を本当に自得させる――これが東洋哲学の行き方です。

東洋の哲人・王敬文

だから東洋の本当の学問をやった人、いわゆる悟道し道を修めた哲人は、西洋の哲学者と非常に違う。西洋の哲学者は、人物が本当に磨かれて、学問と同じように人間が出来ているという人は非常に少ない。知識や教養は豊かで洗練はされていても、いわゆるrefined gentlemanはざらにいるけれども、東洋のように骨の髄まで学問になっているという人は、西洋の思想家・学者に非常に少ない。だからそういう人で発狂したり、神経衰弱になったり、自殺したりというような例が多い。まあソクラテスとかマルクス－アウレリウス（一二一〜一八〇。ローマ皇帝）とかギリシャ・ローマの哲人などには非常に東洋的な者がいるが、近代になるほど西洋の思想家・評論家・学者など、人間としては他愛がない人が多い。

死という問題を見ても、東洋の哲人には偉い人がある。王敬文（名は薈《わい》）という晋の大臣がいるが、この人などは暴君から毒盃を与えられた時に碁を打っていた。ところが彼は命令者が来るとちゃんと碁を打ち終えて、おもむろに毒盃を取り、平然として碁の相手に、「これはお客には差し上げられぬ」と言って、盃をあおって悠然として亡くなった。そうなると生死一如だ。そういう事例がたくさんある。

慈雲尊者

私の好きな慈雲という、真言律の名僧がある。大和《やまと》の葛城《かつらぎ》の人だが、亡くなるまで講義をしておられた。行灯《あんどん》をつけて経を講じておられて、その中にいわゆる生命の灯が消えかかってきて本が見えなくなってきた。生命の火が消えかかっていることを和尚ご自身はまだご存じない。それで侍者を呼ばれて、「油させ」と言われた。小僧は行ってとにかく油を足した。しばらくしたらまた、「暗い、油させ」と、もうご本人は目が見えない。生命の火がまさに消えかかっているのだから……。「はて、さっき注いだばかりだが……」と小僧が見ると、まだいっぱいある。それで「和尚さま、油はまだいっぱいでございます」と言ったら、「ああ、そうか」と言われて「禅家では坐脱立亡（坐ったまま亡くなったり、立ったまま死ぬこと）とやらをやられるそうじゃが、わしがのは横になるじゃ」と、お釈迦さまのように横になってそのまま亡くなられたという。おもしろい死に方だね。

お前の議論は、みな本を読んで知ったものばかりだ。つまり人の借物だ。そんなものは何の値打ちもない。お前の本当に自得した見性《けんしょう》――自分の本性、本質を点検したところのものは何か。お前の本当の物を出せ〈信州飯山《いいやま》の正受《しょうじゅ》老人〉

無心ということ

こういうふうにして天地悠々たるところが東洋哲学の一つの特徴である。その天人相関ということを第一とすれば、自得ということを旨とするのが第二の特徴ということができるだろう。その次は、いわゆる自得に徹すれば「無心」――「無の心」である。「心無し」ではない。雑念がない、散乱心がない、遊離心がない、無心である。つまり世間の人間はそのために煩悩し、そのために惑い、そのために縛られ、そのために悩む。そういう煩悩、妨《さまた》げ、あるいは修羅の妄執などというものを解脱する。それがこの心にある。

そんな煩悩、妄執で出世するのではない、地位を作ったのではない。政治家が派閥闘争をやっさもっさとやって、「大臣をおれのところは三名」「いや、おれのところは二名」「おれを大臣にしなければ承知せん」なんて、そんな地位ではない。革命家のように一切を無視し、いかなる犠牲をはらっても政権を獲得するというのも、妄執の一つだが、そんなのではない、自然だ。つまり天人相関、自然と一つで無心である。ぜひお願い申し上げる。あるいは自分がならなければどうにもならないという、私欲でやるのではない、大勢已むに已まれずして初めてやる。つまり自然になればよろしい。その地位も必要がなくなればいつでもさっと去る。これがいわゆる素行である。金も自然にできるのならできる。その代わりに自然に散ずる。何にも執着というものを止《とど》めない。知識でもそうである。地位や財産ばかりでなく、知識にも執着しない。

香厳智閑

禅の話のついでに、香厳智閑《きょうげんちかん》の話をしよう。この人は大潙《だいい》大圓禅師のたくさんの弟子の中で一番頭が良くてたいへんな蔵書家であった。ある時に大圓禅師が呼んで、「お前は弟子の中で一番頭がいい、一番本を読んでいる。しかしお前みたいに、『誰それ曰く、誰それ曰く』と、そう人の言葉ばかり言わないで、『章疏の中より記持せず、父母未生以前に当たりて一句を道《い》え』――父も母もない、つまりお前の小利口なことの始まるもっと前、本然に立ち返って、しかもあれこれ言わずに一句を言え」。そう言われて返答のしようがない。

白隠禅師

有名な白隠《はくいん》禅師もそうだ。白隠禅師は五百年以来、おれくらい秀才はないと自分で思っていた人である。これはもと慧鶴といっていた。このころ信州の飯山《いいやま》の正受《しょうじゅ》庵に、正受老人が住《じゅう》していた。この正受老人に教えを受けた人があるとき慧鶴に会った。慧鶴が天狗の鼻の一番高々としていた頃で、「天下どこを見渡しても、皆つまらん奴ばかりだ。おれに太刀打ちできるような偉い奴はおらんか」と言った。その友人は「信州の飯山に正受という人がいる。そこへ行け」と。慧鶴は、「何だ、そんな田舎の山猿ごときが」と思ったが、とにかく行ってみた。

いきなり議論を吹っかけようと思ったら、ピシャッと鼻柱を押さえられた。

「お前の議論はみな本を読んで知ったものばかりだ。そんなものは何の値打ちもない。お前の本当に自得した見性《けんしょう》――自分の本性、本質を点検したところのものは何か。お前の本当の物を出せ」――つまり人の借物ではだめだ、と言われてぐうの音《ね》も出ない。何か言おうと思うと、正受老人が「この馬鹿野郎」と大喝した。五百年来おれほどの秀才はないと思っていたら「馬鹿野郎」になってしまった。

それから明けても暮れても慧鶴とも何とも言ってくれない。大体この人はめったに物を言わない人で、弟子どもは「終日咳嗽《がいそう》を聞くのみ」というから、咳ばらいぐらいしか聞けない。滅多にものを言ってくれない人、これが何か用事を言いつける時には「馬鹿野郎」と呼ぶ。秀才が馬鹿野郎扱いになってしまった。それではじめて真剣になって命がけで考えた。それまでは本を読んでばかりおったが、そんなものが何になるかと一喝され、「今までおれのやってきた勉強は画に描いた餅みたいなものだ。うまそうだけれども腹はくちくならん。大きに間違っておった」と、自慢の蔵書を全部焼いてしまった。偉いね。

私はよう焼かなかった。やっぱりだめだね。ところがアメリカがやってきて（空襲で）焼いてくれたから少し人間らしくなった。私も実際、自分の背丈ほどのノートを苦労して作って勉強したつもりでいたが、そんなものはみな焼かれてしまった。まことに今考えてみたらありがたい爆撃をやってくれたものだと思う。何にでも意味があるというのはそのことだ。それでよく分かる。この人は自分で焼いた。彼はそれから雲水の炊事係になって本当に自分の体で考え出した。それからいろいろ面白い話があるが、そんな話はどうでもよい。

こういう大衆的頽廃社会にあって、少しでも人物が出来た者があれば、社会は敏感です。決して捨てておかない。だから自己に沈潜するということが最も社会活動に有効なる、実は近道であるということができる。しかし、それをあまり言うと功利的になる。

隠居入道

これが東洋流の学問の仕方である。本当に自分をつくって、ご用があればお役に立てる。ご用がなくなったらさっさとご免こうむる。必要があれば人間のために、世間にとどまってご奉公する。必要がなければさっさと世間を去って自然に没入する。昔の人はそういうことがわかったんだね。わかったから隠居入道した。

富貴の地位、つまり支配的・指導的地位にいつまでもしがみついているということは芳《かんば》しからぬことである。いい年になったら早く後継者にその地位・財産を譲って、真実の生活に入るべきものである。これを入道という。入道というのは坊主だけと思っているのが多いが、そうではない。「道に入る」のが入道である。昔は年が四十になると、若い者に後を譲って、さっさと現実の支配的地位から隠居入道した。封建時代は地位身分が固定しておるからいい社会政策だね。平清盛まで入道した。浄海入道なんてね。この隠居入道思想は明治初年まであった。

この頃はいくつになっても隠居入道しない。この隠居入道思想が今日普及したら若い者はまた元気を出して、世の中は活発になると思う。こういうのが東洋哲学の特徴である。そこで分析主義、分派主義、専門主義で枝葉末節に分かれていって、そこにあらゆる疎外が始まる。お互い同志的理解がなく、分裂闘争ばかりやる。西洋の思想界、哲学界、宗教界、芸術界、みなそうだが、それがいつとなく東洋の文化、東洋の精神、東洋の哲学というものに憧れて、これを追究するようになってきたのは、今言ったような理由からです。

だから若い人は、これから偉大なる社会的活動をやろうと思えば思うほど、自得しないといけない。自分がどれだけの人物であり、どれだけの力があるかということが、自分がどれだけ真実の社会活動ができるかということの基本問題である。自分の出来ばえに応じてそれだけの活動ができるのです。それを自分を疎外し、自分から遊離して、いわゆる位に素《そ》せずに、ただ社会の移り変わりに幻惑され、いろいろの野望を持ったところで、それは空虚である。そこに人間として、特に青年として一番大事な自覚を要する根本問題がある。

また、こういう大衆的頽廃社会にあって、少しでも人物が出来た者があれば、社会は敏感です。決して捨てておかない。だから自己に沈潜するということが最も社会活動に有効なる、実は近道であるということができる。しかしそれをあまり言うと功利的になる。

こういうことは今度の研修会のおそらく一番の根本精神というべきものでありましょう。四日間にたった三節しかお話しできなかったが、せめて諸君にこうして三カ月も講義したら諸君は偉くなってくれるだろうと思う。しかし、万事は一事に通ずる。よくこの眼目を把握してもらえば、三カ月の講義も三日の講義と同じことである。まあ、諸君は懸命に自得して、今度の研修を生かしていただきたい。

Ⅲ
達人の人生哲学

第一章　君子は自ら反る〈孟子〉

座右の書

　これから四回にわたってお話をしますが、話というものは聞いている間はともかくも、聞いてしまうとなにも残らぬことが多い。学校に通っても、卒業してしばらくするとみんな忘れてしまうようなものである。言い換えれば、単なる知識というようなものは意味のないものです。なるべく心に刻みつけられて、末長く役に立つようにするのに、一番いいことは愛読書を持つことです。ただたくさん講義を聞き、たくさん書物を読んだだけではなんにもならない。愛読書というものを一冊でも二冊でも持って、それを生涯離さない。言い換えれば、生涯離せないような愛読書、これを座右《ざゆう》の書という。そういう心の通う、心に刻みつけられるような愛読書を持つことを心がけると同時に、克己的に理性的に持つのではなくて、心の中の自然、必然の要求から離せないような書物を持つということだ。どっちから言っても同じようなものだが、これはいわゆるニュアンスが違う。

そういう永遠の意義のある書のうち、哲人の言葉の中から、少なくとも私の心に印して離れないものを抜き出して、ここに『光明蔵』というものを作っておいた。この『光明蔵』の中のいくつかの章を皆さんにお話ししたいと思う。

その前に少し予備的の心構えをお話ししておくことが大切だと思う。

君子は自ら反る《かえ》〈自反〉――自らに反る、自分で自分に反る――ということは『論語』『孟子《もうし》』の根本精神といってよい。人間が外にばかり目を奪われ、心を奪われてしまって、自分というもの、内面生活というものを見失いがちであることは、現代の最も深刻な問題の一つである。

現代の一つの最も深刻な問題は、人間が外にばかり目を奪われ、心を奪われてしまって、自分というもの、内面生活というものを見失いがちなことである。そこにあらゆる失敗、罪悪が生じてきている。

君子は自ら反る

君子は自ら反《かえ》る——「自反」ということは『論語』『孟子《もうし》』の根本精神といってよい。自ら反る、自らに反る。自分で自分に反る。例えばつまずいてけがをした。「こん畜生！」といって石を蹴る人間がある、そういうのはつまらない人間である。つまずいた時「ああうっかりしていた。おれもまだいけないぞ」と反省する。例えば武道の達人だったら、つまずいてひっくり返るとかいうことは決してない。物につまずいてひっくり返るなんて、これは迂闊のいたすところだ。修行未熟のいたすところだ。だからそういう時には、「しまった。おれもうっかりしておった」と自ら反る。それが本当の人間である。その人は確かな人であり進歩する人だ。そこからも非常に変わってくる。

あらゆる価値の世界、文明の世界、進歩の世界というものは、人間が人間自体に返る、自分が自分に返るというところから初めて築き上げられる。この反対がこの頃のはやり言葉でいうと〝自己疎外〟という。社会学者がよくセルフ・エイリェネーション selfalienationという。こんな英語はどうでもいいが、この頃、思想に関する書物はおおむね外国の翻訳だ。これも日本人としては日本の自反の反対だ。

この頃は軽薄な日本の知識人などに中共などを崇拝する人間が多い。中共でこう言っているなんて感心する人間が多いが、とにかく外国人がこう言っているといったら、すっかり嬉しがって得意になる。自国の人、昔の人が言ってくれているようなことは、同じことでもいっこう感じない。感じないどころか、それを否定するというような、とぼけたというか、間違ったのが多いが、これは民族としての自反が疎外している。こういうところに日本の間違いがあるんですが、民族のそういう自己疎外、人間疎外は、要するに民族を作っているそれぞれの人に自反がなく、自己疎外しているからである。

そこで諸君は、世の中のことを、内外ともに分かろうと思ったら、自分で自分に返ることが大切である。日本人としては日本人に返り、世界人としては人間というものに返る。この道を通るよりほかに分かりようがない。これを疎外したものだから、文明自身が分からなくなった。

今日の一番大きな問題は、せっかくここまで進歩してきた文明が、なんだか分からなくなってしまったということです。つまり文明が文明自身を見失うようになってきた――文明の自己疎外ということである。

仏典にお辞儀ということを説いて、「吾《われ》を以て汝を敬し、汝を以て吾を敬す」と言っている。つまり「自分が相手に敬意を表すると同時に、相手を通じて自分が自分に対して敬意を表する」ことである。そこにお辞儀というものの厳粛な意義がある。

お辞儀の意義

講義の前後になぜお辞儀をするか、諸君は本当の意味を知っているだろうか？　こういうことを哲学という。カントがどう言ったとか、ヘーゲルがどう言ったかというようなことを哲学と思うのは大間違いである。孟子《もうし》の「自反」――自ら反《かえ》る、自分が自分に反る――これが哲学です。お辞儀ひとつしても「はてな、なぜお辞儀をするのかな」と思う。これが哲学の始まりである。

たいていの人は、お辞儀というのは「相手に敬意を表する」ことと思っているが、それは第二義である。第一義は相手を敬するということではなくて、「自らを敬す」ということである。例えば仏典にお辞儀ということを説いて、「吾《われ》を以て汝を敬し、汝を以て吾を敬す」と言っている。つまりお辞儀をするということは「自分が相手に敬意を表すると同時に、相手を通じて自分が自分に対して敬意を表する」ことである。

鳥獣はお辞儀をするということを知らない。ということは、自らその真理、価値というものを尊重することを知らない。まだ精神生活が発達していない。人間になると初めてそれが発達してきて、お互いに挨拶をする。お辞儀をするということは、お互いに相敬するということであり、自ら他に挨拶をするということは、同時に他を通じて自己を敬すということだ。そこにお辞儀というものの厳粛な意義がある。

この頃は人間が人間味というものをなくしてきたからお辞儀をしなくなった。挨拶をしなくなった。我々の同人の衆議院の指導者で、千葉三郎（明治二七〜昭和五四、政治家）という、千葉県師友会の会長をしている方がおられるが、東京農業大学の学長になって、初めて登校して驚いたことは、大学生が誰も学長に挨拶をしない。ポカンと見ているだけで、すれ違っても挨拶をしない。学生同士も挨拶をしない、お辞儀をしない。それで初めての訓示に「せめて諸君、すれ違ったら同じ学校の仲間であることはわかっているのだから、まず挨拶をすることから始めようじゃないか」と言われて、学生は初めてお辞儀するようになった。

それから寮に懇親会、茶話会があって、出てみたら、入り口に足の踏み場がないくらいに履物が乱れている。これは心の乱雑を表すなによりの証拠だ。情けなくなって、学長自ら散乱している履物をそろえていたら、さすがに人間だからそれくらいの気はつく。その辺にいた学生が恐縮したような恰好をして手伝って整理した。それで「難しいことはいわないが、せめてわが履物くらいは揃えようじゃないか」と言ったら、それから揃えるようになった。

禅寺へ行けば必ず禅僧が、「脚跟下《きゃくこんか》を照顧せよ」という。かかと、かかとを跟という。脚跟下を照顧せよ。そういうことを自覚することから修行というものが始まる。

人間の進歩、文明、文化というものは、突きつめると、孟子が断言したように、「自反」――自ら反るというところにある。自分が自分に反ることをいい加減にして忘れて、外物に自分を奪われる。徒《いたず》らに外物を追う、つまり自分を棚に上げてしまう。自己をおろそかにする。自己を疎外するというところからあらゆる間違いやら迷いやら、いろいろの失敗が起こってくる。

文明は外物を追っかける文明を作り上げたために、文明自体が大いなる錯誤に陥ってきた。それが今日日本を滅ぼしかねまじき情勢にまで陥れておる。これを救うためには、まずあらゆる意味において「自ら反らねばならない」ということを、文献を通じて確かめたわけである。

一つ明らかなことは、集団が個人の上に、個人が集団の上に作用し返すよりも強い作用を及ぼす時には、下降、堕落が生じることである。なんとなれば、その場合は、その上に一切がかかるところの個人の偉大さ、精神的および倫理的価値性が必然に侵害せられるからである。〔シュヴァイツァー〕

人間一切の進歩とか文明・文化というものは、人が人の内面生活に反《かえ》る——自分が自分に反る——という、個人個人の心を通じて初めて発達するのである。言い換えれば、個人の偉大さというものの上に、社会・人類の一切がかかっているのである。

シュヴァイツァーと老子

アルバート・シュヴァイツァー（一八七五〜一九六五、フランスの医療伝道家・哲学者・神学者）は元来ドイツの人である。ドイツとフランスとの間、というよりは国境にあるシュトラスブール市の出身である。このシュトラスブールはいかにもヨーロッパの町の歴史を物語る特殊な経歴を持った都市である。ある時はドイツ領になり、ある時はフランス領になる。私がドイツからフランスへ自動車旅行をして、第一次大戦の古跡を回ったことがあるが、その時にこのシュトラスブールに寄って歓待されたことがある。その時にこのシュトラスブール市の歴史を研究している郷土史家が、「わが町は国籍を変えること六十何回……」と言っていた。それくらい争奪が激しかった所だ。今は第一次大戦にドイツが負けたものだから、それ以来フランス領になっている。そこでシュヴァイツァーもフランス人になっているけれども、人種はドイツ人である。非常に偉い人で、今日アフリカのコンゴのランバレネ（現ガボン共和国）というところに病院を建てて、原住民の診療に従事しながら、現代文明の批判とその救済とに心魂を傾けた著述をしている。

この人の逸話の中に、第二次世界大戦が終わって、ドイツが降伏し、これによってヨーロッパの戦争が終わったという報道を聞いた時にシュヴァイツァーは祈りを捧げている。この祈りの言葉は聖書ではなく、東洋の『老子』の中の言葉を挙げて祈ったということは有名な話になっております。

これは『老子』の中に「戦い勝ちたる者は喪に服するの礼を以てこれに処さねばならない〈戦勝者則以喪礼処之〉」とある。「戦に勝った者は死者に対する喪に服する気持ちで戦後の処理に臨まなければならない」ということで、実にこれは偉大な思想である。徹底した人道思想である。よほどこの言葉にシュヴァイツァーは感動していたとみえて、戦が終わった、ドイツが降伏したという報道を聞くと、彼はこの言葉を挙げて祈っている。

佐藤（元）総理（佐藤栄作。明治三四～昭和五〇）がまだ総理になる前、アメリカに遊んでケネディ大統領に会われた時に、その前に私が会っていろいろ話をしたことがある。その時の雑談の中に、ケネディ大統領に会ったら、今度の戦争についても、たとえ逆に日本が勝っていたとしても、その場合、日本の少なくも天皇は敗戦国に対してこういう心持ちをもって対されたであろうと、この老子の言葉を引用してケネディに聞かせるがよいと、私はその訳文まで知らせておいた。

ケネディ大統領は非常に忙しいので、佐藤さんに二十分とか三十分とかいう約束をして会見をしたそうです。談たまたま予定どおり終戦のことになって、東洋にはこういう哲学があるといって、彼が老子のこの言葉を言ったら、ケネディは急に態度を改めたそうです。非常に敬虔な顔になって感動したらしい。「そういうことがありますか」と言ってそれを繰り返し、それから真剣に話を始めて、約束の時間をはるかに過ぎて長時間語り合ったということを、帰って来られるとすぐ私に報告があった。

政治家もこういう教養がなければならない。やはり哲学というものが必要である。

個人と集団

そのシュヴァイツァーがこういうことを言っている。

「しかし一つのことは明瞭である。集団が個人の上に、個人が集団の上に作用し返すよりも強い作用を及ぼす時には、下降、堕落が生じることである」

ここに個人と集団とがある。個人が集団に与える影響よりも、集団が個人に与える影響のほうが強いという場合には、どうしても堕落するというのです。

「なんとなれば、その場合は、その上に一切がかかるところの個人の偉大さ、精神的および倫理的価値性が必然に侵害せられるからである」

先述のように、人類一切の進歩とか文明・文化というものは、これは人が人の内面生活に返る――自分が自分に返る――という、したがってどうしても個人個人の心を通じて初めて発達するのである。言い換えれば、個人の偉大さというものの上に、社会の、あるいは人類の一切がかかっているのである。

科学的に言っても、いかに偉大なる発明発見というものも、これは集団で、大衆でできたためしはない。常に偉大なるある個人の研究、ある人の創造、発明発見にかかる。大衆となると「その上に一切がかかるところの個人の偉大さ、精神的および倫理的価値性が必然に侵害せられる」。大衆になると破壊されてしまう。

これは群集心理学、社会心理学というような学問の中にすでに明瞭にしておるが、人間が大衆化し集団化すると、人間個々人の中に存在している貴重な要素・精神というようなものがなくなってゆく。これは諸君がちょっと気をつけたらすぐわかることだ。個人個人の場合にはいくら脅かしてもおだててもできそうにもない、決してやらないというようなな動物的・野獣的なことを大衆になるとやりだす。それだから大衆化・集団化ということは、人間を動物的に還元してしまう。野獣的狂暴にしてしまう。少なくとも我々は二六時中大衆生活をしていると自分が荒《すさ》んでしまう。だから雑駁な都会生活をしていると、どうしても我々の心は荒む。こういう静かな山や森の中に帰って——それは失われたる自己を回復することだ——静かな雰囲気の中に浸って初めて人間らしい、自分らしい存在に返る。だから人間は集団生活をしているほど、たえず自分の生活を持たなければならない。それを持たないとどんどん堕落することを免れない。

ところが近代は次第に個人というものが無視されて、集団的・大衆的生活になってきた。いわゆる大衆化の時代になり、個人が無力になって、だんだん大衆集団の影響を受ける。これが現代の一つの特徴でもあるのだが、そうなると、その集団の大衆社会そのものがまた堕落してくる。かくて今度は因が果となり果が因となり、「社会の無気力化と堕落がはじまり、それによって社会は自己の当面している問題を理解し解決する能力を失う。かくて社会は遅かれ早かれ危機に陥る」

かくて日本も世界も今やまさに危機に陥っておる。これを救うのにみな大衆運動ということを考え、宣伝しているが、それは学問的にいって間違いだということをシュヴァイツアーが論じている。そこで、今日のような大衆文化、堕落した世界的危機はなんとかして早く克服しなければならない。即ちまた維新を要する。ところが現代文化の維新という問題になってくると、世間の人が考えておるのとは逆だというのです。

「文化の維新は、大衆運動の性格をもつ運動とはなんら関係がない。そうした運動はつねに単なる外的事件に対する反動にすぎない。逆に文化は、多くの個人のうちに、現に支配している全体的趨向とは独立に、あるいはそれに対立して、ひとつの新しい志向が生まれ、これが次第に全体感情の上に影響を及ぼし、ついにはそれを決定することによってのみ、再び成立することができるのである。倫理的運動のみが我々を非文化から救い出すことができるが、倫理的なるものは、ただ個人のうちにのみ出現するのである。

一社会の将来を定めるものは、その組織をなんとか完成するにあるのではなく、その社会に属する個人の価値の大小にかかっている。歴史における最も重大にして最も知りがたきものは、多数者の個性的存在の中に自ずと起こるところの、目に見えぬ一般的変化であって、これが出来事の前提である。故に過去の人間や事件を本当に理解することが極めて困難なのである。多数者が持っている個人的価値、また彼らがそれを以て集団に参加し、それから影響を受け、またその上に影響し返す仕方、それらはわずかに想定することができるばかりである」

この断定は正しい。絶対に間違いがない。理論的・抽象的思索に慣れない人は、具体的実例を以て考えればよくわかる。時代の変化、その変化も堕落ではなくて進歩、救いというようなものはどうして行なわれるか。これは大衆からは生まれないというのです。その大衆の中にある尊い個人の魂から始めてだんだんそれが大衆に逆作用を及ぼす、大衆の従来の動きを変えてゆく。即ち維新してゆくという意味である。

たとえていうならば、従来なんでも経済・生産の拡大、所得の倍増であるとか、貿易の伸長であるとかといったようなことばかりを目標とし、そうして所得を上げてその所得をどんどん使う。消費することによって初めて生産は伸びるのであって、勤倹貯蓄なんていうことを言っていても経済は発達しない。今日の経済社会・文明社会にあっては消費が美徳である。どんどん生産して、どんどん使って、どんどん我々の生活をエンジョイして、そうして人間らしい平和や幸福が得られるんだ。そうだそうだ。なんでもいいから物をこしらえろ。借金してでもいい、物をこしらえろ、という風潮である。

世界で日本の経済くらい借金で成り立っているものはない。同じ敗戦国であるけれども、ドイツは事業をやるのに六十パーセントは手持ちの資本でやっている。銀行の融資は四十パーセントにすぎない。即ち半分以上は自分の資本で、自分の金でやっている。ところが日本はどうかというと、驚くなかれ自己資本は平均二十五パーセントしかない。あとの七十五パーセントは借金でやっている。だからちょっと具合が悪くなったら金融先に迷惑をかけてしまう。持久力がない。ちょうど自転車競走みたいな経済である。動いている間はいいが、止まったら引っくり返ってしまう。それほど軽薄になって、日本は繁栄だの幸福だの享楽だのという気分に浮かされていた。その破綻がたちまちやってきた。

こういう時に、「そういう考え方、そういうあり方、そういう事業の仕方、そういう生活の仕方がいけない。やはり人間はどこまでも勤倹力行、貯蓄を豊かにしてやってゆかなければならない。享楽ではない本当の幸福、本当の快楽というものは、人間の堅実な努力の中にあるのだ」という考えを持つ者があるとすると、それは時代に合わないわけである。時代に合わないのではない。時代を作っている大衆の一般的な思想や動向に合わないわけである。

けれども流行気分・流行思想に合わない、極めて特殊な人々が毅然として抱いておったその考えが、今度は一般的傾向が行き詰まり破綻してきた時に「なるほど彼はあんなことを言っていたが、あれは本当だな」ということになってくる。それと同時に、自分で漠然とそう考えていたけれども、それをはっきり主張するほどの認識も自覚も勇気も持たなかったような連中が、見渡すと漠然とではあるが自分が考えていたように世の中が堕落してきた、失敗してきたというと、自信ができてくるのですね。そうすると、あの人の考えていることのほうがどうも自分には本当のように思われるが、はて、そうはいうものの、あんまり一般と違いすぎると思っていたようなものが、やはり彼の言うことのほうが本当だったということになって、次第にその少数が多数になってくる。そのうちに従来とは全く違ったその考え方、その信念、その主張というものが、時代の一般的動向を決定するようになる。そこで世の中が変わるのである。決して軽薄な大衆によって世の中が変わるのではない。

維新とか革命とかいうことは、やはり優れた個人の魂、個人の思想信念、主張、そういうものから変わってゆくのである。それをシュヴァイツァーがここに力説しておる。これがつまり孟子《もうし》の断言、即ち「自反――自らに反《かえ》る」。時代の流行、大衆の動向などというものに支配されないということの貴重なる所以《ゆえん》である。それを諄々としてシュヴァイツァーも説いている。つまり時代の大衆的風潮・流行思想・流行イデオロギー、そういったものに屈しない、自分の良心、古来の真理、こういうものに敬虔に学ぶことによって、初めて人間の尊厳、社会の進歩というものが生ずるのである。人生に真剣なる者は、このことをまずしっかりと把握しておくことが根本中の根本問題である。

第二章　禍福終始を知って惑わず〈荀子〉

我等何の為に学ぶや。
『荀子《じゅんし》』に曰《いわ》く、「夫《そ》れ学は通《つう》の為に非ざるなり。窮して困《くる》しまず、憂えて意《こころ》衰えざるが為なり。禍福終始を知って惑わざるが為なり」と。此《こ》の語能《よ》く学の真髄を説けり。

荀子《じゅんし》は、現実の世の中は個人の力が弱くて大衆の力が強い「大衆社会」であることを見抜いていた。孟子《もうし》は、それであればあるほど「個人」が大事であるとする。

孟子は、人間の本性は善だという「理想」主義的解釈をする。だから非常に形而上学的である。これに対し荀子は、人間というものは教えないと悪いほうへいってしまうという人間社会の「現実」を観察して、性悪説を主張した。

理想主義は、よほど本人がしっかりしないと空想になる。どちらかといえば現実主義のほうが間違いが少ない。その代わり、これが間違うと固陋《ころう》になり、進歩がなくなる。少々進歩がなくても確かなほうが安全だ。だから人間は自然には、だいたい現実主義者である。そういう意味から、少し危なっかしくても理想主義者のいるほうが刺激的で進歩があるともいえる。なかなか人間は難しい。

儒教というものは、これを根源に返って申しますと、まず孔子があり、孔子の系統を大きく分けると孟子と荀子になる。孟子といい対照をなすものが荀子である。これから偉大なる儒教の系統が発達してきたといってよい。ここまでを後世の儒教に対して原始儒教といっていい。

なぜ孔子の学問の流れを特に孟子と荀子とに対照するかといいますと、これは儒教に限らずすべてに通ずることであるが、人間にもどちらかというと理想的に物を考える行き方と、現実的に考える傾向との二派ができる。これは人間の性格、人間の思想すべてがこういう傾向を持っている。

人間の生というものは限りなく創造発展してゆく力である。いろいろのものを生み、伸ばし、栄えてゆく営みである。そこで人間は真理、心、精神の発達につれて、まさに実現しようというものを内在している、含有しているわけである。その現在の段階において、いつでも将来まさに実現しよう、達成しようとするものを意識し、自覚する。例えば諸君が朝目を覚ます、起きる。そうすると自ずからあれをしてこれをしてというふうに、その日の一日のことが念頭に浮かぶ、それと同じことだ。

天地人三才

人間は精神力の旺盛な、精神力ばかりではない、あらゆる面において生命力の旺盛な少年時代・青年時代には、必ずこれから先あしてこうしてといろいろな考えを持つ。これを「理想」という。その理想が、その人間に照らしてあまり実現性がないという場合に、これは「空想」ということになる。その人間に実力があれば空想に非ずして、理想になる。だから理想を持つということは、これは人間生命の必然の作用であって、その理想をいかに空想に堕さしめざるかということが人間修行の一番大事な点である。

その理想というものは、いかなるものも必ず現実の上に立つものである。現実の上に立って一歩一歩理想というものを実現してゆくのである。そういう意味でこれを「天地人三才」という。才の働きで、人間は機械器具というものを持つ。最初は石器、石の道具、それから鉄の道具、それから技術が発達して文明を作っていった。それが「才」だ。その三才というのは三つの働きをいう。

第一は現実だ。現実があれば必ず現実は理想を持つわけである。その中に断層があったら、つまり連続しておらなかったら、理想と現実との矛盾というか、あるいは離れてしまう。遊離してしまうと、これは空想になってしまう。そのひどいやつが妄想というやつだ。理想が本当のものであればあるほど現実の上にしっかりと立脚して進まなければならない。これを実現という。現実、実現、理想——これを「三才」という。これを一貫したという意味で「王」という字ができている。王道というのはそういうことがしっかりと現実に立脚して、現実に努力を積んで理想を実現していくということだ。

「中」の意義

理想と現実との間に分裂、遊離がないというのが、本当の人間らしい姿である。ところが人間というものは、どちらかというと現実のほうへいく人と、どちらかというと、理想のほうへいく人とある。本当にこれが統一されて少しも危なげのないものを「中《ちゅう》」という。中道は難しいというのはここでもわかる。理想家肌というのは少し空想的。現実家肌というのは少し堅すぎて、進歩性がなくなるというふうに分かれて、なかなか「中」にはいけない。

「中」というと、相対するものを結んだその真ん中を「中」というと考えるが、それは「中」の一番幼稚な段階。本当の「中」というのは矛盾撞着しているものを解決して高いところへ進める――これを「中」という。

外国でいう弁証法というのは、「中」の一例であります。例えば労働争議を「折中」するなどという。折という字はたいへん面白い字で、折る、挫《くじ》く、そがれるという字である。資本家があり、労働者がある。これを折中するとか、中するとかいうことはどういうことかというと、これを両方から歩み寄らせて、二で割るなんて、そういうものではない。これをよく観察して、資本家側の主張がいいか悪いか、労働者、組合側の主張がいいか悪いかということを正しく判定する、批判する。そして間違ったもののほうを折《くじ》いて、組合側が悪ければこれを挫く。資本家側が悪ければこれを挫いて、両方とも間違っていれば、これを挫いて正しいところへもっていく、向上させるのが本当の「中」である。それで「折中」という。挫くということは、つまり正しい価値判断をやるということだ。

心中

昔の人の名付け方は非常にうまくて、例えば、男女が「心中」するなどというのは、正しい使い方だ。これは男と女とがいて、現実のこの世の中では一緒になれない。そこで死んで一緒になろう。これは理想へ向かおうというのであるから、確かに「中《ちゅう》」するわけである。だからこれを「心中」とした。これは以て瞑すべしだ。だから情死なんて書いたら、あまりいい意味ではない。進歩にならない。そこで昔の情深い哲学のわかる人が情死と書かないで「心、中する」、心中と言うてやったということは、正しいことであり、進歩的思想である。文字、言葉というものの意味は哲学すると面白いですね。またそういう深い意味・哲学を持った言葉が生まれるということは、その民族の発展であり、民族の優秀さを示す。

孔子はどちらかというと中の人であり、王道の人であります。偏頗《へんぱ》がない。偏する、党するということがない。ところがその流れを汲む者になると、どうしても中道にはゆかずに、どちらかにやや偏向することを免れない。それが孟子《もうし》と荀子《じゅんし》とに表れていて、孟子という人は、どちらかというと理想主義者、アイデアリストである。それに対して荀子という人はリアリストで、現実のほうにおもむく人だ。

孟子と荀子

だから孟子は非常に形而上学的である。ここに人間の性、本性、ヒューマン・ネイチュアというものは善だという、非常に理想主義的解釈をする。

荀子のほうは有名な性悪論である。彼も決して善を否定したのではないけれども、現実というものは、個人の力が弱くて大衆の力が強い。現実の世の中はつまり大衆社会であるということを彼はちゃんと見ていた。孟子のほうは、それであればあるほど個人が大事であるとする、ちょうどシュヴァイツァーのように。

孟子とシュヴァイツァーはよく似ているところがある。ではない、シュヴァイツァーが孟子に似ている。だからシュヴァイツァーの書いた物を読んでいると、まるで孟子みたいなことを言っている。シュヴァイツァーに『孟子』を読ませたら、シュヴァイツァーは孟子を崇拝したであろうと思う。シュヴァイツァーは『老子』を読んでいるのだから、あるいは『孟子』も読んでいるかもしれない。

荀子はそういうわけで、ちゃんと大衆支配というものに着眼していて、人間というものは教えないとどうしても悪いほうへいってしまうという人間社会の現実を観察して、性悪論を主張した。

性善がいいか、性悪がいいかという議論がずいぶんありますが、これは議論する人の頭がはっきりしないために愚論が多い。三才ということが分かれば、孟子が性善を主張したこともっとも、荀子が性悪を言ったこともっともということがわかる。どちらがいいとか悪いとかいうのは、認識の対象が違うのだから、それを比較論評することが見当違いである。

理想主義というやつは、よほど本人がしっかりしないと空想になる。そこへゆくと、どちらかといえば現実主義のほうが間違いが少ない。その代わり、これが間違うと固陋《ころう》になる、頑固になる、進歩がなくなる。少々進歩がなくても確かなほうが安全だ。だから人間は自然には、大体みな現実主義者である。そういう意味からいうならば、少し危なっかしくても理想主義者のいるほうが刺激的で進歩があるともいえる。なかなか人間は難しい。

人間というものは、どういう心がけならどういう結果になり、どういう原因を作ればどういう悪果・美果が生ずるのか――この禍福終始を知って惑わない。即ち人生というものを確立する。これが学問の本義である。

だから学問をしなければ自分も分からぬ、人も分からぬ、人生はなお分からない。学問することとは、単なる「知識を獲得すること」だと思っては大間違いだ。「人間を作る」ということである。

「荀子に曰《いわ》く、夫《そ》れ学は通《つう》の為に非ざるなり。窮して困《くる》しまず、憂えて意《こころ》衰えざるが為なり。禍福終始を知って惑わざるが為なり」

「通」というのは、今日でいうならば「出世する」「成功する」という意味です。学問というものは出世の手段、生活の手段ではないというのです。ところが二十世紀もかかって進歩してきた今日、荀子の時代に比べればそんなことは昔の余計な心配だったというくらいに進歩していて初めて文明なんだけれども、二十世紀もたって荀子の言ったとおりになっている。しかもさっぱり「通」じない。今日の人は「通」のために学問をして「不通」になっておるといってよい。

言い換えれば今日、猫も杓子も学校に入りたがる。なぜ入るのかといえば、多くの男どもは学校を出なければ就職ができない。就職ができなければ飯が食えないということのためにやっている。これは「通」だ。皆が通じようと思って学校へいった結果、詰まってしまって不通になった。日本の教育は便秘状態にあり、そのために中毒症状を起こしていると考えてよろしい。しかし学問はそういうものではない。そんなことは枝葉末節、人間が進んでゆく手段の上にできてきた問題であって、本来は何のために学問するかというと「窮して困しまず」――どんなに窮しても苦しまない。「憂えて意衰えざるが為なり」――どんな心配事があっても、そのためにへこたれない。「禍福終始を知って」――なにが禍いであり、なにが幸いであり、どうすればどう終わり、どう終わればどう始まるのか。これは無限だから、人生は……。

「夫れ学は通の為に非ざるなり。窮して困しまず、憂えて意衰えざるが為なり。禍福終始を知って惑わざるが為なり」

実にこれは名言である。人間というのは少し窮すると、じきに困ってしまう。

「困」の字義

「困」という字は面白い。囲いの中に木を入れてある。木という物はぐんぐん伸びなければならない。それをこういう所へ入れてしまったら、これくらい木の困ることはない。つまり伸びられないというのが「困」という字である。閉じこめられてどうにも伸びようがない。頭を押さえられて伸びを止められてしまう。その苦しさを「困苦」というわけである。しかしこれはなかなか打開できない、難しい、これが「困難」。そうして縮《ちぢ》こまってしまうというのは、これは「困窮」。

これは木を象徴しているのだが、人間にしたらどうか。囚人の「囚」という字になる。

「囚」と「溫」

囚人というのは何か悪いことをしたから監獄へ放りこまれた。こんな奴はロシアや中共やらはみな殺してしまうとか、強制労働所へやってしまうのだが、これも人間だから可哀そうだから飯を食わしてやる（皿＝食物）、茶も飲ましてやる（氵＝飲みもの）。それを「溫い」という。そうして、お前はどうしてそういう悪いことをしたかと尋ねてやる。これがつまり法律、裁判というものがある所以《ゆえん》である。だからこの「溫」という字を「たずねる」と読む。温古、古きを温ねる。これが中国や日本に発達している文字の学問である。ただ当てずっぽうに「温」という字を「たずねる」と読むのではない。ちゃんと理由があってそういうふうに使い、そういうふうに読むのです。

「大」「因」「恩」

同じ枠の中でも、ある枠の中で大きくなっておられる——「大」という字は人間が手足を広げるという字である。人間が大きくなってその世界におられるということは何に因《よ》るかというのが「因」という字である。それは何かに結んだからだ。つまり何かの因縁によって大きくなっておられる。誰のおかげでわしは大きくなっておられるのかと思う心が「恩」だ。父母の恩、師友の恩によって大きくなっておられる。だから忘恩の徒という奴が一番非人間的だということが分かる。

世界の新しい文字学者は、こういう我々の考えている漢字くらい世界に発達した文字はないとみな感心している。ところが日本では、こういうものを面倒くさいから止めてしまうわけで、これらを捨てている。やがてまた文字を習いにあっち（中国）へ行かなければならないかもしれない。そうなったらますます情けない。

こういうふうに発達した文字だから難しいには相違ない。そこでこんな難しい文字を使っていたら文化が退歩するなどと考えるのは非常な錯覚である。なぜこういうことを言い出したかというと、機械にかけるのに漢字は向かない。これはアルファベットかカナのような符牒がいい。そこで漢字を止めてしまって、カナにしてしまえとか、ローマ字にしろという議論が出てくる。

機械を使う人はそれがいいけれども、人間の精神生活、真の文明文化には漢字のほうに価値がある。それをなるべく楽に、簡単なものに限ってしまおうというのは、人間の精神的自殺です。だからカナ文字でもアルファベットでも、そのほうが便利な仕事をやるにはそれらをどんどん使うがいい。しかし、そのために漢字を抹殺するということは愚の骨頂である。それくらいの負担に耐えるような民族でなければ繁栄しない。

安南文字

いまのベトナムは昔安南といった。あそこに安南文字といって立派な文字というか、便利な文字が出来ていた。文字は便利な物に限るというそれだけの物なら、安南文字というものはもう世界化しておるはずである。ところが消えてしまった。これは民族精神というものが高揚しなければ、言語でも文字でもみな滅んでしまうということである。

そういう点、日本の思想家、評論家とかいうものに実に浅薄なのが多い。前にも言ったように、困難に耐える、困難を克服してゆくという生命力、精神力があって初めて発達するのである。これから大成しなければならない諸君が、イージーゴーイングで安逸に就くということは自殺的である、ということをよく心得ておかなければならない。のみならず、困難、困難というけれども、人間は困難と取り組むと面白い。特に文字というのは取り組むと興味津々たるものです。

漢文の訓読

だいたい日本人は奈良朝時代に漢文を自由にこなした。こなしたばかりではなく、それを民族化した。私は機会あるごとに話をするのですが、返り読みというものくらい日本人の天才的な芸当はない。これをシナ臭いというのか、向こうに魂を抜かれた漢学専門家などは返り読みを非常に嫌う。返り読みでは漢学にならないという。中国人ならそれでいい。日本人がそんなことを言うのは浅薄な誤解である。

日本人が漢文というものを訓点をつけて返り読みしたことが、なぜ天才的かというと、これは訳と読みとを一挙に行なっている。だから天才的芸当という。

例えば、It is a dog. これは読んでいっても訳にならない。だからこれは一度読んでから、「それは犬である」と訳さなければならない。ところが漢文の訓読というのは、例えば、「大学之道、在明明徳」を「大学の道は明徳を明らかにするにあり」と訓む。これは読んで訳している。読即訳である。現代的に中国音で「ターシェチータオ、ツァイミンミントオ」と言ったって分からない。もう一度訳さなければならない。それを「大学の道は明徳を明らかにするにあり」と言えば、すでに読んで訳している。偉い芸当だ。これを奈良朝時代にちゃんとやっている。日本人というのは非常な能力を持った優秀な民族であるということがよくわかる。

禍福終始を知って惑わざるが為なり。

「或」と「惑」

人間というものはすぐに惑う。「惑」という字も面白い文字だ。「或」という字と「心」という字から出来ておる。「或」という字の一は土地を表す。土地の一定区画、領土を表す。一の上の口は人民を表す。これを武力（戈＝ほこ）で守る。

それで初めて存在することができる。これはある、存在するという字だ。ところがそのような存在があっちにもこっちにもできる。そうすると武力の強い勢力が弱い勢力をやっつけるから存在ははっきりしない。そこで「或いは」ということになる。

日本は戦争に負けるまでは確かに存在していた。ところが戦《いくさ》に負けて国防力をなくしてからというものは存在がはなはだ疑問である。危ない。それで今アメリカと安保条約を締結してどうやら存在している。これをソ連だの中共だのという国は、安保条約を解消させて日本を独立国にするとおだてあげて、実は武力で「或いは」のほうにしてしまうという野望を持っている。それを知らないで、向こうのいうとおり、平和平和で安保条約廃止を主張するのは、日本の国を或る（存在）から「或いは」にしようとするものである。そうならないためには、日本はしっかりした国防力を持たなければならない。それで初めて存在できる。存在の一番発達した形式が国である。存在の不確かな、あるやらないやらわからない、あり得るであろうかと危ぶむ心を「惑」というのです。

「幸」と「福」

人間は禍福終始、何が禍いか何が福かに惑いがちである。「さいわい」にも幸と福（褔）と二字ある。学問的にいうと、「幸」というのは幸いの原因が自分の中にない、偶然的な、他より与えられたにすぎない幸いを幸という。たまたまいい家庭に生まれたとか、思いがけなくうまいめぐり合わせにぶつかったとかいう、これは幸。これは当てにならない。そうではなくて原因を自己の中に有する、即ち自分の苦心、自分の努力によってかち得たる幸いを「福」という。福という字がそれをよく表しておる。示偏《しめすへん》というのは神さまのことだ。示というのは上から光がさしている、神の光、叡智の光を表す。旁《つくり》は「収穫を積み重ねた」という文字だ。農家でいうならば俵を積み上げるという文字。神の前に蓄積されたるものが「福」である（一八頁参照）。

学問の本義

人間というものは、どういう心がけならどういう結果になり、どういう原因を作ればどういう悪果・美果が生ずるのか――禍福終始ということは、少し勉強すればよくわかる。これが学問だというのです。ちょっとした禍いに惑うたり、ちょっとした幸せに有頂天になったりというようなことをしない。禍福終始を知って惑わぬ。即ち人生というものを確立する。これが学問の本義だ。だからどうしても学問をしなければ自分もわからぬ、人もわからぬ、人生は、なおわからぬ。学問することは単なる「知識を獲得すること」だと思っては大間違いだ。「人間を作る」ということである。

第三章　書を読まざれば面目憎むべし〈黄山谷〉

黄山谷《こうさんこく》曰く、「士大夫三日書を読まざれば則《すなわ》ち理義胸中に交わらず。便《すなわ》ち覚ゆ、面目憎むべく、語言味なきを」と。

人生というものはいかにあらねばならないか、我はいかに行なわねばならないか、というようなことを考えないような人間の面構えというものは、どうも下品で空っぽで不愉快だ。ものを言っても味わいがなく浅薄である。〈黄山谷《こうさんこく》〉

黄山谷《こうさんこく》（黄庭堅《ていけん》。一〇四五～一一〇五。山谷は号）というのは中国の宋の時代の人である。宋の時代は北宋と南宋に分かれるが、北方民族の圧迫に負けて揚子江を渡って南へ逃げこんでからは南宋、それ以前は北宋。これは中国文化が非常に発達し、民衆化した特徴のある時代である。その北宋を通じて傑出した多くの人々の中に、学問においても、政治家としても、また詩人としても書家としても立派な地歩を占める一人がこの黄山谷であります。

この人は日本に非常な感化を与えた。この黄山谷の親友であり師匠である人に蘇東坡《そとうば》という人がある。明治時代の人ならこの蘇東坡の「赤壁の賦」というものを知らない人はなかった。「壬戌《じんじゅつ》の秋、七月既望、蘇子客と舟を泛《うか》べて赤壁の下に遊ぶ、云々」という詩など学生の時に暗誦させられたものだ。この東坡と好一対の人でありまして、日本の五山文学、京・鎌倉の禅僧の間には、味噌醤油がなければならんごとくに東坡と山谷がなければならんというので、「東坡・山谷、味噌醤油」という諺が流行したくらい京・鎌倉を中心に明治時代まで日本人に非常な感化を与えている一人であります。私もこの東坡、山谷の特に詩が好きである。この黄山谷が言っている。

「士大夫三日書を読まざれば」――士大夫というのは指導階級、知識階級。書というのは、くだらない書のことではない、聖賢の書のことだ。「三日書を読まざれば則《すなわ》ち理義胸中に交わらず」――我々がどうしなければならないか、いかにあるべきかという真理、原則、これが「理」である。その実践が「義」である。「理義」、日本ではこれを義理というが、どちらでもよろしい。日本と中国とは時々使い方が逆である。日本では「運命」という。向こうでも運命といわないことはないが、近頃は特に逆さまに「命運」という。蔣介石《しょうかいせき》が『中国の命運』という本を書いている。中国では今でも理義ということのほうをよく使う。日本ではもっぱら「義理と褌《ふんどし》欠かされぬ」「こうしなければ義理が悪いや」などという。日本人は非常に難しい専門用語を実によく民衆化して使いこなしている。これは日本語の特徴の一つである。

我々がいかにあらねばならないか。いかになさねばならないかということの実践、その認識と実践とを「理義」という。「理義胸中に交わらず」――我々にそういう精神生活、道徳生活、社会生活の法則が心の中に生じないということ、つまり人間が空虚になってしまう。

その次はもっと手厳しい。「便《すなわ》ち覚ゆ」――そこでこういう感じがする。「便ち」というのは「容易に」という意味。すぐにこういう感じがする。「面目、憎むべく」――どうも面構えが悪い。「語言味なきを」――ものを言って味わいがないという感じがする。そのとおりだ。

だから、もし人生の理義――人生というものはいかにあらねばならないか、我はいかに行なわねばならないか、というようなことを考えないような人間の面構えというものは、どうも下品で空っぽで不愉快だ。人間も年のゆかないうちはやむを得ないとしても、年の三十、四十になったら経験を積んで、少しはそういう哲学もこういう体験もできねばならないから、面構えも出来ておるはずである。

リンカーンの名言

これについて面白い話がある。リンカーンが大統領の時に、彼の親友がある人を推薦した。「使ってください」と。ところがリンカーンはその男をいっこうに使わない。そこで腹を立てて「僕があれほど紹介したのに用いてくれないのはどういうわけか」と聞いたら、「いや君、人間というものはね、年の四十になれば己の顔に責任がある。あんな顔をしているのではだめだ」と言ったという。これは名高い話である。人間は年相応に出来た顔にならなければならない。それは何も美男美女ということではない。美男美女でも虫唾《むしず》のはしるようないやな奴がいるが、そんなのは「面目憎むべく」だ。また白痴美なんて無内容な美がある。こんなものはつまらぬ。これと反対に、理義胸中に熟してくると、ブルドッグみたいな顔でも、狆《ちん》がくしゃみしたような顔でもなにか味がある。面白いものです。

私はよく宇垣さんを例に取るんだが、あの宇垣一成（一八六八〜一九五六、大正・昭和期の陸軍軍人。大将。政治家）という人くらい醜男を見たことはない。その一つ一つ、目だの耳だの鼻だの口だの見ると、よくもこんな変ちくりんな物を並べたものだと思うくらい醜男だが、それが全体として見ると、いうにいえない魅力がある。こういうのを〝醜の美〟というんだね。（笑）これは芸術であり哲学だ。

文字でもそうだが、器用な書なんていうのは、薄っぺらで甘ったるくてだめである。下手な字を習いこんだという、その書がいい。不器用な人間が習いこんだという書は非常にいいものです。だから学問でも哲学でも悟道でも、鈍物が叩き上げたというのはいい。秀才がちょっとこなしたなんていう思想や理論はだめだ。とにかく鍛えんとだめだな、何事によらず。言葉でも流暢にベラベラしゃべるような言葉はほとんど印象に残らない。それよりも、人間が出来て苦労を積んだ人がぽつりという一言が非常に響く、値打ちがある。「語言、味わいなし」というのは、その人が浅薄なのである。「語言、味わいあり」ということにならなければならない。「あいつは話せる奴だ」「話せん奴だ」とかいうが、人間は「話せる人間」になってこそ値打ちがある。いくら出世したって、いくら財産があったって、話せない人間というのは、語言に味わいがない。これはその人間がつまらないというなによりの証拠である。その意味において、出来た人から見たら、面構えも出来ておるが、言うことも味があるというふうに諸君もならなければならない。そうすればなにも惑うことはない。これも心肝に銘じておくべき言葉である。こういうふうに人間が出来てくれば、人間は維新され、進歩してゆく。これを伝えた実に有名な言葉がある。

呉《ご》の呂蒙《りよもう》は快男児なり。先輩魯粛《ろしゆく》、一日呂蒙と語り、大いに驚いて曰《いわ》く、卿《けい》今才略復《ま》た呉下《ごか》の旧阿蒙《あもう》に非ず。蒙曰く、士別《しわか》れて三日、即ち当《まさ》に刮目《かつもく》して相待《あいま》つべし。大兄何ぞ事を見るの晩《おそ》きや〔以上『三国志』より〕。後輩は当《まさ》に是《かく》の如くなるべきなり。

呉下の阿蒙

三国、諸葛孔明《しょかつこうめい》の時代、揚子江下流域に呉《ご》の国、それから揚子江の上流に行くと蜀、ここに諸葛孔明たちが蟠踞《ばんきょ》した。それから江北、即ち河北の地は名高い曹操《そうそう》の魏《ぎ》の国。魏、呉、蜀、これが三国。『三国志』は中国ばかりではない、日本でも現代も大いに愛読されているものである。

「呉の呂蒙《りょもう》は快男児なり」——その呉の名士に呂蒙という快男児がいた。先輩の魯粛《ろしゅく》というのは諸葛孔明と並び称せられた人である。大政治家であり、非常な賢者である。

「先輩魯粛、一日呂蒙と語り、大いに驚いて曰《いわ》く」——魯粛は呂蒙のことを、後輩で小僧だと思っていた。久しく会わなかったが、ある日話をしてびっくりして「卿《けい》今才略復《ま》た呉下《か》の旧阿蒙《あもう》に非ず」——呉下は呉のほとり、呉の地方の昔からの阿蒙、阿というのは「お」という字で、おたかとかおゆきというような、おに値する。あるいは〝○○ちゃん〟の〝ちゃん〟に相当する親愛の情を示す呼称である。「蒙ちゃんか、君はえらく人間が出来たね。卿の才略、手腕、識見は、昔の蒙ちゃんとはまったく違う」と言って驚いた。そうしたら「蒙曰く、士別《しわか》れて三日」——男というものは三日会わなければ、「即ち当《まさ》に刮目《かつもく》して相待《あいま》つべし」——ぐっと目を見開いて、大いに目玉をむいて期待すべきものが男だ。「大兄何ぞ事を見るの晩《おそ》きや」――あなたは今までそんなに私のことがわからなかったんですか。

――さすがの魯粛先生も一本とられた。後輩というのはこういうふうにならないといけない。こういう後輩がたくさんできたら、先輩は楽しみである。諸君、来年縁があってまた来られたら、三日どころではない、三百六十五日たつのだから、それこそ刮目して相待たざるべからざるものだ。逆にならないように一つ、大いに努力してもらいたい。

それで思い出すのは有名なクラーク先生だ。

札幌農学校の名師クラーク去るに臨んで子弟に与えたる一語、世に知らざる者なし。而《しこう》して多く其の片鱗を伝えて、全《まった》きを知らず。
Boys, be ambitious. Be ambitious not for money or for selfish aggrandizement, not for that evanescent thing which men call fame. Be ambitious for the attainment of all that a man ought to be.
青年よ大望を持て。金銭や利己的誇負《こふ》の為ならず。世の人々の名誉と称するその実虚《じつむな》しきことの為ならず。人として当《まさ》にしかあるべきあらゆることを達成せんとする大望を持つべしと。
かくありてこそ語に瑕疵《かし》なきなり。

クラークの言葉

「札幌農学校の名師クラーク、去るに臨んで子弟に与えたる一語、世に知らざる者なし。而《しこう》して多くその片鱗を伝えて、全《まった》きを知らず」

「ボーイズ・ビー・アンビシャス」だけは誰でも知っている。けれども彼はそれだけではない。その後に次のように言っている。

Boys, be ambitious. Be ambitious not for money 金を欲しがるのではない。金に対する望みを持つのではない。or for selfish aggrandizement, グランドというのは大きいという意である。それを動詞にした aggrandize は自分を光り輝かすことだ。つまり利己的誇負《こふ》、虚栄——おれは偉くなってやるんだ、大臣になってやるんだ、有名になるんだ、これは皆 selfish aggrandizement。そんなアンビシャスになれと私はいうのではない。not for that evanescent thing which men call fame. 人々が名誉と呼ぶところの実は何も内容のない、

evanescentは虚無、空しいという意味。空しきことのためではない。世の人々が名誉と称する、実は何も内容のないことのためでもない。

それでは何にbe ambitiousであれというのか。Be ambitious for the attainment of a、attainment of allは、あらゆることの達成。that a man ought to be. いやしくも人たるもの(a man)は、かくあらねばならない(ought to be)ということの、あらゆることを達成する、実現する。人間は正直でなければならない、勇気がなければならない、辛抱強くなければならない。「窮して困《くる》しまず。憂えて意《こころ》衰えず、禍福終始を知って惑わず」というようなことが、人としてあらねばならぬことの内容である。そういうことのすべてを達成しようというアンビシャス、大望を持て。

「青年よ大望を持て。金銭や利己的誇負の為ならず。世の人々の名誉と称するその実虚《じつむな》しきことの為ならず。人として当《まさ》にしかあるべきあらゆることを達成せんとする大望を持つべしと」

達人のいうこと、真理を学んだ人のいうことは古今東西、みな一如である。こういうのが本当の志であり、これが本当の学問であります。そういう学問はなにも学校に入らなくてもできるのだ。このくらいの英語は諸君覚えていていいね。

こういうものをしみじみ読み、考え、味わってゆくと、それこそ「面目愛すべく、(あるいは)敬すべく、語言味わいある」に至るのである。こういう学問をしないと、いくら金をこしらえても、また出世しても「面目憎むべく、語言味わいなし」ということになって、心ある者から「ああつまらん奴だな」と思われることになる。まだ下っ端におる間なら、つまらん奴だなと思われてもなんのことはないが、有力な地位にある人間が心ある者から軽蔑されるようになると、これは弊害がひどい。その意味において、今の日本の指導階級というものは恥ずべき人が多い。そういうところにも日本の弱点がある。

文献の意味

我々は常に「自らおさめる」ということの上に立たなければならない。昔から偉大な教え、学問というものを点検してくると、みなそれに立っている。それを単なる理論だけにとどめないで、できるだけ実際の文献に接して肝銘を深くする。そのためになるべく多くの文献を読むようにする。それが今度の私の話の本旨である。

文献というものをみな間違って解釈している。文献といえばドキュメントということと翻訳ということくらいに解している。

日本では明治以来情けないことに、滔々として輸入されてきた西洋文明に接して、これは偉いものだという驚きやら尊敬やら、また多分に恐怖やら、あるいはそれに対する負け惜しみやら、いろいろ複雑な心理をもってしまった。これを俗にインフェリオリティ・コンプレックスという。これは劣れる者のコンプレックス、劣者の複雑なる心理である。負け犬、すなわち敵《かな》わぬということになると人間はおもしろいもので、俺は負けたと思っても、思えば思うほど、なあに負けるものかとか、くやしいとか、あいつは偉いやつだと思いながらも、敵わぬでも一太刀くらい浴びせてやりたいというような複雑なる心理をもつものだ。

日本人も幕末・明治の際にそういう西洋近代文明、西洋諸国に対してインフェリオリティ・コンプレックスをもった。それをもっと悪質に、もっと深刻に持ったのが今度の敗戦である。それでなんでも外国、殊にこの時の世界に君臨しているとか優越しているとかいう国に対して、妙な崇拝やら卑屈やら、それに対する負け惜しみやら、いろいろの複雑な心理をもつ。

そこで言葉にしても、むやみに外国語を尊重して、昔からある自国語、あるいは東洋の言葉でもみんな西洋の訳語のように心得てしまう癖がある。この頃、街を歩いてみても、デパートなどへ行ってみても、驚くほど外国語が多い。それも変な外国語が。

学術用語なんかでもそうでありまして、文献のことをドキュメント、翻訳と心得ている。ところが文献の「文」というのは、文書《もんじょ》のことで、これは確かにドキュメントに値するが、「献」というのはまったく閑却されている。献という意味は賢者の賢と同じ文字で、その文を作った、あるいは文に表れている賢者のことを献という字で表している。だから「文献」というのは「記録と人物」のことだ。

我々はこの文献を検《しら》べなくてはならないが、それはただ記録を読むだけではない。すぐれた人を通じての文献ということでなければならない。すぐれた人物を通じて初めてその文が活きてくる。これを諸君は間違えないようにしないといけない。

例えば〝馬鹿〟ということは人を罵ることだ。だから誰が馬鹿といっても同じだと思ったら大間違い。時には大いにほめることにもなる。言葉は言う人によってみな意味が違ってくる。つまらん奴、気障《きざ》な奴から、馬鹿と言われたら誰だって怒るだろう。しかし可愛い子供が「馬鹿」って言ったらちょっとほほえましいだろう。しかしすぐれた人、畏敬する人から「馬鹿！」と言われたら、どんな生意気な奴でも緊張して頭が下がる。その反対に、いやな奴から「君は偉いよ」なんて言われたら君は喜ぶか、「何を！」と言うだろう。けれども偉い人から「君は偉い」なんて言われたら、「いや、どういたしまして」と言うだろう。そういうふうにみな違う。「献」を抜いてしまって「文」だけで、文字や言葉だけでそれがみな同じだと思ったら大間違いである。そこで人間が過ちをしでかす。

人物と言行の矛盾

社会党とか労働組合の連中の笑話がある。立ち会い演説会などで滔々としてプロレタリアの解放であるとか、人類の平和とか進歩とかいうが、実は誰もそんなことを本音だとは思っていない。彼ら自身が控室へ帰ってきて雑談するときには、彼らは完全なる自由主義者である。少しもプロレタリアだとか人類の平和だとか解放だとかいうようなことに身を献じている志士でも賢者でもない。ところがその連中が家庭に帰ってみると、これはもう昔からの暴君になる。つまり偽物である。

社会党が戦後初めて連立内閣を作った。あの片山内閣の時に一番期待したのは議会の守衛とか給仕とかいう人々だった。初めてプロレタリア、庶民階級の代表が政権をとった。だからこの連中はどんなにか自分たちを大事にしてくれるだろう、やさしいだろう、丁寧だろうと大いに期待しておった。ところが貴族院・衆議院時代から勤めてきた守衛だの給仕だのという人々が一番失望した。彼らは一番威張って、そのくせ一番ケチで人遣いが荒いときている。それですっかりがっかりした。これはつまり、言うこと（文）と、実際の人物（献）との矛盾である。人間が言うこととすることと、在ることと、つまりto beとto do、これが一致すれば結構なんだけれども、矛盾したつまらないやつほど立派なことを言う。それが人間の複雑でむずかしいところである。どっちかというと文献よりも献文のほうがよい。

第四章　倹以て徳を養う〈諸葛孔明〉

古来哲人・賢者と言えば、中国に於て諸葛孔明《しょかつこうめい》、日本に於て楠木正成《くすのきまさしげ》最も人口に膾炙《かいしゃ》す。孔明其の子を戒《いまし》むる書に曰く、「君子の行《こう》は静以《せいもつ》て身を修め、倹《けん》以て徳を養う。澹泊《たんぱく》に非ずんば以て志を明らかにするなし。寧静《ねいせい》に非ずんば以て遠きを致《きわ》むるなし。夫《そ》れ学は須《すべから》く静《せい》なるべきなり。才は須く学ぶべきなり。学に非ずんば以て才を広むるなし。静《せい》に非ずんば以て学を成すなし。慆慢《とうまん》なれば則《すなわ》ち精《せい》を研《みが》く能《あた》わず。険躁《けんそう》なれば則《すなわ》ち性を理《おさ》むる能わず。年、時とともに馳せ、意、歳とともに去り、遂《つい》に枯落《こらく》を成す。窮廬《きゅうろ》に悲嘆するも、将復《はたまた》何ぞ及ばんや」

孔明の子を誡むる書

「古来哲人・賢者と言えば、中国に於て諸葛孔明《しょかつこうめい》、日本に於て楠《くす》木正成《のきまさしげ》最も人口に膾炙《かいしゃ》す」――膾は刻んだ冷肉、炙はあぶり肉、今日でいうとローストビーフだとかビフテキのようなものは炙のほうだ。それに対する前菜なんかに出てくるのは膾。広く口にのぼることをいう。

この孔明という人は今日の青年子弟のためにも親近感のある人です。この点、楠木正成のほうは青少年時代のことはあまりよくわからない。両親、とくにお父さんのこともあまりはっきりしない。少年時代は、今日ある文献や史実で想像するほかない。幼くしてよく学んだことくらいはわかっている。

孔明のほうはだいぶ青少年時代のことがわかっている。この人は型の如き秀才コースを通った人ではない。孔明の当時、大学の書生三万人といわれているが、孔明という人は、そういう大学のいわゆる秀才ではない。あの頃の歴史の記録によると「大学の書生三万人、皆斗筲《としょう》の小人《しょうじん》なり。君子之《これ》を恥ず」と書いてある。斗筲の小人とは一山百文というやつだ。

「大学の書生は三万人いたけれども、見渡すところ枡《ます》ではかるような一山百文の連中ばかりだった」と正史に書いてある。この頃の世の中を見渡してもそうだ。世界に珍しい駅弁大学などといって、およそ駅弁を売っている所にはみな大学がある。そこへワンサと押しかけて実に雑駁な学生群衆が今日の大学状況で、孔明時代の歴史の言葉を思い出す。そういう中にあって型のごとく優等の成績で卒業し、どこかへ就職し、月給をもらって型のごとく生活する。そして、できるだけ人生を無難に楽しく渡って行こうなどというのが当り前のことであるが、孔明はそういう型にはまる人間ではなかった。彼は、もっと自分というものに沈潜し、自己を確立し、その眼をもって世の中、時代の趨勢というものを検討しておった。若くして規模の大きな人だった。正成もそうだ。

人間というものは、なかなか己に反《かえ》って己を立てる、いわゆる自立、自己を確立するということができない。「三十にして立つ」というけれども、それもなかなか立たない。皆ふらふらと大勢の趨《おもむ》くところに流され、時局の趨くところに動かされて頼りないものだ。いわんや天下を敵として河内の孤城によって勤皇の大義のために敢然として立つ、戦うということは、言うべくしてなかなか行なえることではない。よほど、いわゆる自反・自立、自らに反《かえ》って立った人でなければできることでない。やはり歴史に輝くだけのことのある人です。

人物・人間も、呼吸も同じことであって、人間もいろいろの人格内容・精神内容が深い統一・調和を保つようになるに従って、どこかしっとりと落ち着いてくる。柔らかい中に確《しっか》りとしたものがあって静和になる。そういう統一・調和が失われてくると鼻息が荒くなるように、人間そのものが荒くなる。ガサガサしてくる。

「孔明其の子を誡《いまし》むる書（手紙）に曰《いわ》く、君子の行《こう》は静以《せいもっ》て身を修め、倹《けん》以て徳を養う。澹泊《たんぱく》に非ずんば以て志を明らかにするなし。寧静《ねいせい》に非ずんば以て遠きを致《きわ》むるなし」

致《いた》すなしでもよい。「致す」にはいろいろな意味がある。「命を致す」などという場合は命を投げだすということである。遠きを致す「致遠」という時には、遠きをきわめる、うんと遠い所へ進むことである。仕を致す「致仕」といえば、仕えをやめることである。ここは遠きを致むるなし。それで澹泊・明志・寧静・致遠という熟語ができている。

「君子の行は静以て身を修め、倹以て徳を養う」

これがまた名高い言葉であるばかりでなく、これを展開すれば立派な一つの思想・哲学になる。ここに東洋の文学・言語・学問というものの非常に深遠なものがある。深遠なことは結構だが、これは大衆性・普及性という点からいうと難しくて不便である。しかるが故に、浅はかな者はその深い意味を知ることができなくて、ただ難しいとか、つまらないということにしてしまって、近代はおそろしく東洋学が閑却された。この頃になって西洋の思想・学問の行きづまりが、ようやく逆に東洋の学問に対する憧れ、研究を深めるようになった。この「静以て身を修める」あるいは「倹以て徳を養う」というようなことも、これ自体大きな道徳哲学であり、倫理哲学である。

静以て身を修める

「静《せい》」ということが問題である。人生も動と静との次元から成り立っている。このことは人間の生命を諸君が考えてもすぐわかる。たとえば呼吸あるいは脈搏、これは生命の動的な面だ。生命の活動の現象である。けれどもどうして我々が呼吸をし、どうして我々が脈搏、すなわち血液の運行があって体を維持しているかというと、そこにはあらゆる細胞器官、あらゆる機能の見事な統一・調整・調和がある。そしてそこに限りない静かな落ち着きと全《まつた》き和がある。これが「静」である。つまり最も立派な「動」は最も立派な「静」と一致する。

だから機械でもそうだ。最も精密に組み立てられている機械が何の障害もなく動く時には、見事な回転運動をしながら、そこには静かなものがある。

人間の体もそうだ。これは一つの生理的な機械と見られるわけだが、あらゆる器官がそれぞれ非常な活動をしている。肺にしても心臓にしても胃にしても腸にしても、非常な活動をしている。それが実によく統一が保たれているので、そこに非常な静けさ、すなわち無というものがある。そこに少し狂いというか不調和ができてくると、いろいろの不安、あるいは矛盾感が昂ずると、苦痛というものになって表れてくる。これは動の姿である。

息が荒いというのは、これは呼吸が純でない、調和が保たれていないことの証拠、つまり雑駁の証拠である。呼吸というのはただ鼻でするものだ、などというのは浅はかな考えだ。呼吸は酸素を吸って炭酸ガスを吐き出す肺の作用だ、などと言うのは少し進んだ浅薄な考えだ。人間の呼吸というものは鼻ですると同時に全身でしている。人間の皮膚はみな呼吸している。鼻で息をする呼吸というものは普通は肺だけでいっても六分の一くらいです。だからときどき深呼吸しないと、肺のあとの六分の五は沈澱・鬱積しているわけだ。それが少し活動すると肺の活動が強くなって、六分の一が三分の一になり、そのうち全部出してしまって吸い込み方が足りなくなる。そういうふうに少し動いてくると調和が乱れ、呼と吸とが合わなくなってきて呼吸が乱れ荒くなる。肺だけではない、体全部でやっているのですから、あらゆる血管を養っている血液というものは、要するに酸素がなければどうにもならない。それが完全に統一・調和されておれば意識しないけれども、乱れてくると苦痛を感ずるようになる。つまり「静」が「動」になり、「騒」になる。ところが生理機能、呼吸機能が次第に統一・調和が保たれるその程度に従って静かになる。動が静になる。

人物・人間も、呼吸も同じことであって、人間もいろいろの人格内容・精神内容が深い統一・調和を保つようになるに従って、どこかしっとりしてくる。落ち着いてくる。柔和になる。柔らかい中に確《しっか》りとしたものがあって、いわゆる柔和になる。あるいは静和になる。そういう統一・調和が失われてくると鼻息が荒くなるように、人間そのものが荒くなる、すなわち荒《すさ》んでくる。ガサガサしてくる。その一番つまらないやつがオッチョコチョイということになる。
「君子の行《こう》は静以《もっ》て身を修める」――ガサガサしないように、荒まないように、落ち着いて自分の身を整える。

そうして「倹以《けんもっ》て徳を養う」――「倹」というのは無駄遣いをしないことです。「徳」ということもなかなか容易でない問題です。

徳とは何か

「徳」というのを平たく初歩的に言うと、人間が自然から与えられているもの、即ち得たるところのもの、みな「徳」だ。だから「徳は得なり」という文字の注釈がある。天から、自然から、親から生んでもらって与えられたものはみな「徳」である。しかしその与えられたものの内容はいろいろで、その中の特に根本的なものを他のものに対して「徳」という。

第二次、後次的意味の「徳」とはどういうものをいうかというと、だいたい四つに分けるがいい。というより、なるべく簡単にすると分かりよいからまず二つに分ける。それは根本あるいは根幹と枝葉という意味で二つに分ける。その枝葉をまた二つに分ける。それへ一つのものを付属させて四つになる。それはどういうことかというと、根とか幹は、これあるによって木を養っている、これから枝や葉が、やがて花や実が岐《わか》れて生《な》るのです。しかし枝、葉、花、実というようなものは、これは幹に結びつき根に養われて初めて生きられるので、やはり根幹が大事だ。だから生命の拠るところのことを本幹という。

何が人間の本幹かというと、人間を単なる動物として見ないで、万物の霊長として精神的存在として見る時に、これが人間の本質であり、根本であり、根幹であるというもの、これを「徳」という。

それに対して人間は知能というものがあって、他の動物よりもずっと発達してきた。知能、知の働き、この働きは動的な意味で使うけれど、これを静的にいうと知性ということになる。知性、性は能である、働きである。そういう意味で知性を知能という。「知性」「知能」というものは非常に大事なものに相違ない。これあるによって人間が他の動物を引き離して発達した。

もう一つ「技能」というものがある。この技能によって他の動物と違って道具・機械・器具というようなもの、それからいろいろ微に入り細を穿って便利なものを作ってきた。だから「知能」とか「技能」とかいうものは人間の最も人間らしい内容であり要素である。

本末の区別

これに対して「徳性」「徳能」というようなものは、これと相俟って大事なものであるが、さてそれでは徳・知・技というものを並べて、いずれが根幹でありいずれが枝葉であるか。これは諸君が現実に即して考えたら、すぐわかる。

人間は物を知っている。いろんなことができるということがその人の一番本質か、本幹か。あるいは人を愛するとか、人に尽くすとか、人に報いるとか、人を助けるとか、耐えるとか、忍ぶとか、物をきれいにするとか、心を一点に集中するとかいうような働き、つまり「徳」と、「物を知る」とか「腕が立つ」とかいうようなことと、どっちがどうだと考えたらわかるはずである。

なるほど知るということは大事なことだ。算数も国語も理科もよくできる。絵も描ける、字も書ける、そういう技もある。それは結構なことに相違ない。しかしそういう知能や技能というものは、あくまで第二義的なものである。今の学校はそういうことで点をつけるわけだが、物を知っている、いろんなことができるというだけで立派な人間とみんな考えるか。おそらく誰も考えまい。それよりは、やはり愛情が豊かで義侠心があって、心ばえが清潔で感激心を持っておるといったような徳のほうが立派だと思うだろう。つまり言うまでもなく「徳」が本幹であって、「知」や「技」は枝葉である。あるいは花や実のようなものである。つまり付属的なものだ。

たとえば諸葛孔明《しょかつこうめい》も楠木正成《くすのきまさしげ》も我々が息をするというのは、酸素を吸って炭酸ガスを吐くのだというようなことは知らなかったろう。あるいは幾何だの代数だのは知らなかったろう。しかしそれだから「孔明だ正成だといっても俺たちに比べれば馬鹿だよ。あの連中は可哀そうに太陽が東から出て西に沈むと思っていたんだ。地球の自転で太陽が昇ったり沈んだりするように見えることは小学校の生徒でも知っているが、正成も孔明もそんなことは知らなかった。つまらん奴だ」などと考える者はいないであろう。そういうことを考えるほうが馬鹿であって、話にならないのだけれども、しかし今の人間は案外この本末の区別が立たないのである。この本末の区別が立てば人間はそう間違わないのだけれどもね。

それは結婚のことを考えてごらんなさい。そういう本来の区別の立っている見識とか心得を持った人は非常に少ない。実にみな枝葉末節で話し合っている。私は男の子二人に嫁をもらい、女の子二人を嫁にやった。つまり子供を四人結婚させた経験があるのでよく分かる、というよりつくづく感じる。注意していると皆そうだ。

「私は大学を卒業した人とでなければ結婚しない」とか、「せめて短大でも出た娘でないと困る」などとよく言いますね。今時のような掃いて捨てるほどある、いわゆる「大学の書生三万人、皆斗筲《としょう》の小人《しょうじん》なり。君子これを恥ず」などというのと結婚してどうするのか。そんなものは結婚の第一義になりません。東大を出たって早稲田を出たって、つまらないやつはつまらない。小学校しか行かない人間でも偉いやつは偉い。あんまり好かん男だけども、社会党の佐々木（更三）委員長（明治三三年~昭和六〇年）なんて樵《きこり》か炭焼きの伜で、十歳くらいまでは戸籍もなかった。だから小学校もろくろく出ていないだろう。ところが世間ではみな学歴のことを言う。それからあれは英語がよくできるとか、算盤が達者だとか、それはみな「知」である。

もっとひどいのになると、お父さんはなにやらの重役をして、お母さんはどこやらの大官の娘だ、なんて説明が長々と続く。結婚式に行ってみると、新郎、新婦を棚に上げて、両方のお母さんやら祖父さんらの閲歴やなにやらを長々と喋る。あれはおかしな慣習です。意味はあるけれども、本末を取り違えている。

よく私のところでも、「こういう良いお嬢さんがいるんですが……」などという話をもってくる人がある。どういう候補者かと聞いてみると、まず祖父の話をして、それからお母さんの話をして、なかなか本人のところまでゆかない。しまいにうんざりして、「その娘をもらうのだから娘の話をしてくれ」と言うと、「娘は東京女子大学の英文科を出て、それからピアノができて、茶の湯、生け花……」。「ちょっと待ってくれ、学校を出るのも結構、茶の湯、生け花、琴、三味線、なんでもできることは結構なことだ。しかし一体その娘さんはどういう性質か」とたずねると、なんにも知らない。「えー、それはなんとかかんとか……器量はどうのこうの……」と言っておる。「器量は見たらわかるが、目鼻立ちなんていうものじゃない、まず気立てはどうだ」と聞くと、なにもわからない。要するに形式的なんですね。

それだから結婚したってうまくゆかない。結婚して騙された、幻滅の悲哀を感じたなんていうことも、そもそも己たちの浅薄さと軽率さとの致す所以《ゆえん》だ。だから結婚は慎重にせよということは、よくこういうことを弁《わきま》えよということです。その弁えが足りない。徳というのはこれでよく分かる。

習慣

もう一つ大事なことがある。それは習慣というものだ。「習慣は第二の天性なり」というが、いかにもそうだ。習慣を別の面から言うなら躾《しつ》けという。どんな生まれつきの徳を持っていても、知能・技能を持っていても、悪習慣に染まると、これはどうにもならない。

確かに習慣は第二の天性である。アミエル（Henri Frederic Amiel 一八二一〜八一。スイスのフランス系文学者・哲学者）は「人生は習慣の織物である」と言っている。我々の人生は習慣が織りなすところの着物・織物である。非常に大事である。諸君が生涯、早起きをする習慣をつけるのと朝寝坊の習慣をつけるのとでは、非常な相違である。そこで朝に関する西洋の格言を読んでみましょう。

There is only the morning in all things.（イギリス・フランスの格言）「万事、存するものは只朝のみ」――あらゆることの中で、ただ朝だけがある。本当に朝一時間早く起きるのと一時間遅く起きるのとでは一日がまるで違う。一日がそれで支配される。だから有名なドイツの作家のワイセ（前出）という人が言っている。これは我々が一高に入った時にユンケルというドイツ語の先生からいきなり教えられた格言だが、

「Morgen, morgen, nur nicht heute! Sprechen immer träge Leute. 明日は、明日は、まあ今日だけは！　といつも怠け者は言うものだ」（前出一三三頁参照）。

どこも同じことで、清朝末期の大哲人であり国士であった曽国藩《そうこくはん》（一八一一～七二、諡は文正。太平天国の乱を平定）は、蔣介石《しょうかいせき》が崇拝措《お》かざる人である。彼は「黎明《れいめい》即起」――即起というのはすぐ起きよ、世が白々と明けてきたらすぐ起きろ、「醒《さ》めて後霑恋《てんれん》するなかれ」――霑という字は「うるおう」という字だから、寝床の中でモジモジしているのを霑恋という。目を覚まして寝床の中でモゴモゴするな、目を覚ましたらすぐ起きよ。これは実に大事なことだ。

だから私はよく婚礼に呼ばれて挨拶なんかさせられると、怠けそうな新夫婦には言ってやる。「一言だけ呈するが、家庭を持ったらその第一日から約束して朝起き・早起き、これを忘れないようにしたら一生繁栄する」。中に情深いのがいて「それは残酷だよ」（笑声）。何が残酷か、これは非常な財産を贈ってやることになる。この習慣が大事です。

倹以て徳を養う

そこで本筋にもどって、「倹以《けんもっ》て徳を養う」とはどういうことか。倹は無駄遣いをしないということだ。徳を無駄遣いしてはいけない、つまり徳を損ずるようなこと、徳を無くするようなことを無思慮にやってはいけないということ。これは非常に大事なことです。

たとえば悪習慣、これも徳を損《そこ》なうことの大なるものだから、そういうことをしないということは、つまり倹である。これを倹徳という。人間は徳を損ずるようなことはできるだけ慎む。倹約するがいい。たとえば多弁。雑駁な、喋る必要もない、なんにもならないことをベラベラ喋る。口が軽いのは徳を損なう。これは倹約して、つまらないことを喋らないようにする。これは徳を養ううえに大事なことです。

そういう意味の徳を養うばかりでなく、そもそも喋るということは生命をも損ずる。たとえばこういう所に立って諸君に講義をするということは非常に頭を使って舌を使うことになる。これくらいの部屋で十五分間話をしたら一里(四キロ)歩いたくらいのエネルギーを消費するということを医学者が実験報告している。普通のちょっとした応接間で二十分対談をしたら一里歩いたことになる。それくらいエネルギーを使う。

眉毛を惜しまず

禅書を読むとよく「老僧汝らが為に眉毛を惜しまず云々」という言葉がある。私はなんのことかと思っていろいろ調べてみたが、禅僧の注釈はどれも満足できない。そこで漢方医学者に聞いて初めて分かった。「眉毛を惜しまず」ということは舌を使うということだ。舌を使うと心臓を痛める。舌と心臓とは密接な関係がある。心臓を痛めると眉が脱けるそうだ。だから「眉毛を惜しまず」ということは、「お前たちに説教をしてやると舌を使う、心臓を痛めて眉が脱ける。大損害だけれども我慢して話をしてやる」ということだ。面白い。だからこんな所に立って大きな声で頭を使って二時間も講義をすると、その日はだいぶ心臓を痛めて眉が薄くなる、大損害だ。聞くほうは、よほどありがたいと思って聞かないと罰が当たる。

喋るということは体に影響がある。いわんや下手なことを喋ると煩悶の種を作る。口は災の門というけれど、人生のイザコザは口から発している。「彼奴はああ言いやがった、こう言いやがった」というようなことから縺《もつ》れるものである。「倹以《けんもつ》て徳を養う」ということは非常に剴切《がいせつ》なことである。

「君子の行《こう》は静《せい》以て身を修め、倹以て徳を養う。澹泊《たんぱく》に非ずんば以て志を明らかにするなし」――澹泊ということは精神的なことはもちろんであるが、より少なくこれは物質的・

肉体的な意味が強い。いわば物欲というようなものにあっさりしていないと、理想を追求する精神の動向を「志」というから、「志を明らかにするなし」だ。ひらたい言葉でいうなら、腹の皮が張れば目の皮が弛むという。あれで尽きている。人間は満腹すると精神が鈍る。だから昼飯をご馳走すると午後の講義には大体みな居眠りをする。なるべく澹泊、物欲をあっさりすることで、反対に精神性が発達する。

同様に「寧静《ねいせい》に非ずんば以て遠きを致《きわ》むるなし」。マラソン競走を考えるがよろしい。何千メートルも走る、遠きを致めようと思えば、平生に体を落ち着けて心身の違和のないように、狂いのない体を作っておかなければ、とても走ることはできない。先の息の例をとってもそうだ。駆け出しの初めから鼻息を荒くするようでは、とても走れるものではない。「綿々として絶えざること縷《る》の如し」という。静かな息をできるだけ保たないと遠くへ行けない。人生のことすべてそうだ。

そこで「夫《そ》れ学は須《すべから》く静なるべきなり」——学問をしようと思えば落ち着いて静かでなければならない。がさつでは学問はできない。

「才は須く学ぶべきなり。学に非ずんば以て才を広むるなし」——いろいろの知識だの技術だのというものは学習しなければ広めることはできない。がしかし、「静に非ずんば以て学を成すなし」――落ち着いて静かで、よく心身が和していなければ学を成すことはない。「慆慢《とうまん》なれば」――だらしがない、怠けておると、「則《すなわ》ち精《せい》を研《みが》く能《あた》わず」――研精という言葉はよく使いますね、長唄研精会などと使っている。精とは物事の最も本質的なすぐれた働きをいう。精あるいは粋ともいう。

「険躁《けんそう》なれば」――けわしく騒がしい、がさつである、心がけが悪い、というのはみな険躁だ。「険躁なれば則ち性を理《おさ》むる能わず」――性とは外面に対する内面的なもの、付属的なものに対する本質的なものが性。「性相近し習い相遠し」などと、よく性と習いとを対照させる。自然から与えられた内面的なもの、本質的なものが性。がさつであれば性をおさめることはできない。

「年、時とともに馳せ、意、歳とともに去り、遂《つい》に枯落《こらく》を成す」――いつの間にか年は経っていってしまう。年が経つにしたがって、せっかくの意志・理想も、抜けていってしまう。そうして「窮廬《きゅうろ》に悲嘆するも」――窮した廬《いおり》、貧乏暮らしの中に悲嘆するも、「将復《はたまた》何ぞ及ばんや」――今さら嘆いてみたところで何になるか。このとおりだ。

第五章　志はまさに高遠を存し〈諸葛孔明〉

又その外甥を戒むるの書に曰く、

「夫《そ》れ志は当《まさ》に高遠を存し、先賢を慕い、情欲を絶ち、凝滞《ぎょうたい》を棄つべし。庶幾《しょき》の情をして、揭然《けつ》として存する所あり、惻然《そくぜん》として感ずる所あり、屈伸を忍び、細砕を去り、諮問《しもん》を広め、嫌吝《けんりん》を除かしむれば、何ぞ美趣を損ぜん。何ぞ済《な》らざるを患えん。若《も》し志、強毅ならず、意、忼慨ならず、徒《いたずら》に碌々《ろくろく》として俗に滞《とどこお》り、黙々として情に束《つか》ねられなば、永く凡庸に竄伏《ざんぷく》して下流を免れざらん」

世の父兄子弟たるもの斉《ひと》しく当に肝銘すべきなり。

孔明その外甥を戒むる書

外甥は母方、妻方、つまり親家に対する姻家だ。「夫《そ》れ志は当《まさ》に高遠を存し」——志、人間の理想、目的というものはできるだけ高く、できるだけ遠く、高遠でなければならない。目先ではいけない。低くてはいけない。「志は当に高遠を存し、先賢を慕い、情欲を絶ち」——先賢は先輩の賢者。肉欲・物欲というものをできるだけ整理し、捨てて、「凝滞《ぎょうたい》を棄つべし」——凝滞は凝《こ》り滞《とどこお》ること。人間は凝滞をするといけない。水でも凝滞すると腐る。血液でも凝滞したらたいへんだ。いろいろの病気が続出する。呼吸も凝滞、跌《てつ》（輟）滞したら呼吸困難になって死んでしまう。円通と言って円《まど》かに通じなければいけない。

「庶幾《しょき》の情をして」——庶幾というのは「こいねがう」「ちかし」とも読む。すなわちこれくらいはできる、これくらいはやってのけたいというのが庶幾だ。すなわち一つの理想・志望・目的というもの、つまり志というものは志気・志情といって、これは一つの力であり情熱がなければいけない。唯の志だけでは単なる観念になってしまったり、空想になってしまったりして、現実に力がない。〝気〟というものは、物事が創造されていく、つまり生み成されていくエネルギーのことをいう。だから志気、現実の活発な溌剌たるエネルギー・力でなければならない。いわゆる気力でなければならない。と同時に、そこには情熱というものがある。だから志はやはり気であり情でなければならない。それをはっきりしておく必要がある。「庶幾の情をして」というのは、つまり志気・志情・情趣のことだ。庶幾の情、ことに感情が大事だ。感情はその人の全体の反映であるから、「庶幾の情をして掲然《けつ》」――掲というのは「かかげる」という字で、はっきりと掲げる。「掲然として存する所あり」――何を考えているのやらわからないようなのではいけない。俺はこういうことに憧れているんだ、こういうことを達成するんだという理想・情熱をはっきりと存在せしめる。

そして「惻然《そくぜん》として感ずる所あり」――惻というのは「いたむ」という字だ。それにしては俺はなっていない。こういう邪魔があって思うようにいかないという反省・不満、これが惻然だ。残念に情けなく思う。つまり人間は良心的・情熱的でなければいけない。

そして「屈伸を忍び、細砕を去り」――実に至れり尽くせり。やはり自分に真剣な体験があるからこういう手紙が書けるわけです。「屈伸を忍ぶ」というのは、ある時は屈する、ある時は伸びる。屈伸というけれども、ここでは屈という意味が強い（悲喜という場合に、喜はつけたりで、悲しみの意が強いのと同様）。理想を持つ者ほど、ぐんぐん伸びたい。ところがいろいろ妨害があって思うようにゆかないというのが屈だ。それで感傷的になったり、激情的になってはいけない。「細砕を去り」というのは、細かく砕いた、つまりあまりに細かい、わずらわしいことを去る。細砕の中にはいろいろある。小理屈なども細砕、小さな感情なども細砕の一つ。日常のつまらないケチなこと、小遣いがないとか、映画も見られないとか、コーヒーも飲めないなどということも細砕だ。そんなことで悲観しているようではしようがない。

「屈伸を忍び細砕を去り、諮問《しもん》を広め」――いくら自分が偉くても、人ひとりが偉いくらいは知れたものだ。どうしても、諮問しなければいけない。広く立派な人に諮《はか》り、問い、教えを受けなければならない。そして「嫌吝《けんりん》を除かしむれば」――嫌は「きらう」、吝は「しぶる」ケチという字である。

嫌吝、これは案外人間にあるものだ。あれも気に食わん、これも嫌だ。あれも金がかかる、これも無駄だ、というように人間は案外わがままで、ケチ臭いところがあるものだ。昔から「一文惜しみの百知らず」というが、相当の地位にいたり、産を成しているような人でも、なかなか好き嫌いが多くて、ケチな人が多い。そんなのは嫌吝という。

人間の心がけというものは面白いもので、志一つによってこういうものは、どうにでもなる。極端な例をいうと、関西に木村権右衛門という有名な高利貸がいた。今でいうと森脇将光といったところだが、明治時代人らしく、森脇よりは少しは心がけがよい。誰も木村権右衛門といわないで「鬼権、鬼権」といった。

鬼権の哲学

この男は実に嫌吝《けんりん》で、朝起きると――高利貸で成功するだけあって、朝起きだけは確かにやる――裏へ出て塵芥《ごみ》箱をあける。それへ妻君だかお手伝いさんだかが沢庵の切れ端を捨ててあったのをつまみ上げてきて「もったいない。誰だ、こんなことをするのは！」と言って、それを洗って食ったという。実に嫌吝だ。したがって借金をした人には取り立てること実に厳酷苛烈である。ところがどうしたことか、この男の倅が無駄遣いをし〝だだら遊び〟をしてしようがない。ところがこの鬼権、倅には何もよう言わない。それで不思議に思った親戚の者が、鬼権の機嫌のよい時に、「貴方が爪に火を灯すようにしてつくった大事なお金を、湯水のようにあの息子は使うが、それで貴方は惜しくないのか」と聞いたら、鬼権は、むっつりして黙っていたそうだが、そのうちにボソリと、「あれはなあ可哀そうな奴じゃ。わしがさんざん楽しんだ滓《かす》を使っとる」、こう言ったという。
やっぱり鬼権にも哲学があるのです。本当なら嫌吝な男だから、伜がそんな湯水のように金を使ったら耐えられるものでないのである。つまり無思想・無哲学では人間は生きられない。ところが彼は苦しまぎれに、そういう哲学を案出したんだね。〈伜の奴は可哀そうな奴じゃ。俺がさんざん楽しんだ滓を使っておる〉
こう思って、こう信じて自ら慰めているんだね。これもやはり学だ。人間には哲学がなければならない、信念がなければならない。そうすれば嫌吝も救われる。とにかく嫌吝はいけない。鬼権は鬼権の哲学で嫌吝を除いた。それならいい。
「何ぞ美趣を損ぜん」――鬼権のようなものでもそこに美趣を生ずる。「何ぞ済《な》らざるを患えん」――そうすれば必ず成功する。「若《も》し志、強毅ならず」――理想精神がしっかりしていない。そういうものに安んじない、毅然として抵抗力を発揮するのが慨慨である。「意、忼慨ならず、徒《いたずら》に碌々《ろくろく》として俗に滞《とどこお》り、黙々として情に束《つか》ねられなば（「たばねられなば」でもよい）、永く凡庸に竄伏《ざんぷく》して下流を免れざらん」。いつまでも下流、この頃の汚染された溝川みたいなもんだ。「下流を免れざらん」。

いい手紙ですね。こういう手紙をくれる親やら叔父さんやら友達やらがおったら、実にありがたいことだ。というよりは、自分がこれくらいの手紙を子供や甥にやれるようにならなければならない。

人間は絶えず自らが自らに反《かえ》って、自ら自らを知らねばならないが、しかし人が自分を知ってくれるということは、自ら自らを知ることで、世の難しさを知るだけに、これは非常にありがたいことだ。

我々は師友を持つことによって自らを知ってもらう。自らを知ってもらうことによって、自ら知ることができるという非常に深い、尊い意味がある。

師友を持つ意味

ところがこういう志を立て、理想精神を養い、信ずるところに従って生きようとしても、なかなか人は理解してくれないし、いわゆる下流だの凡庸だのという連中は往々にして反感を持ったり、軽蔑したりする。そういう環境の抵抗に対して、人間が出来ていないと、情けないほど自主性・自立性がなくって、外の力に支配される。けれども本当に学び、自ら修めれば、そして自らに反《かえ》って、立つところ、養うところがあると、初めてそれを克服していくことができる。その意味においては「人の知己」となる。自らが修めると同時に、その体験をもって同志の理解者となる。これを知己という。己を知る者は、まず己でなければならない。これは当たり前だが、同時に「人の己」を知ってやる。本当の理解者になってやるということは、これは当然のことであって、実に尊いことだ。人間は絶えず自らが自らに反って、自ら自らを知らねばならないが、しかし人が自分を知ってくれるということは、自ら自らを知ることで、世の難しさを知るだけに、これは非常にありがたいことだ。だから名高い古来の格言に、

「士は己を知る者の為に死す。女は己を愛する者の為に容《かたち》づくる」

という。士は己を知る者の為に死す。それくらいこれは感激のあるものだ。なかなか世人は自分を知ってくれない。知ってくれないだけならいいけれども、誤解する。

「せめて誤解するくらい理解してくれれば」

という有名な言葉があるが、「誤解」はするけれども、なかなか「理解」はしない。い

わんや深く心に立ち入って、その人のその人たる本質、その人の理想・情熱といったようなものを知ってくれる人はいないですね、おれば非常にありがたい、尊い。

人ばかりではない、書物でもそうだ。本当に自分の魂に響くような文章とか学問というものは、やはり少ない。割合に文芸や詩歌にはある。詩歌というものは、そういう意味でも我々の心情を潤してくれる。しかしなかなか救われませんね。救われようと思えば、やはり単なる文芸ではいけない。やはり道徳でなければいけない。徳芸・道芸でなければならない。

その知己の難きところに、知己たる人の、人の知己たる尊さがある。そこに友の道・師の道というものがある。人の師たり、人の友たることは、即ち人を知ってやることだ。我々は師友を持つことによって自らを知ってもらう。自らを知ってもらうことによって、自ら知ることができるという非常に深い、尊い意味がある。その意味で王陽明が弟子の黄宗賢に与えた手紙を紹介しましょう。

第六章　刻厲して自立す〈王陽明〉

王陽明・黄宗賢に与うる書に曰く、「世衰え、俗下り、友朋中、平生最も愛敬する所の者と雖《いえど》も、亦《また》多くは頭を改め、面を換え、両端の説を持して以て俗の容《い》るる所を希《ねが》う。意思殊《はなは》だ衰颯《すいさつ》、憫《あわれ》むべしと為《な》す。吾兄の若《ごと》きは真に道を信ずる之篤《これあつ》く、徳を執《と》る之弘《ひろ》しと謂《い》うべし。何ぞ幸いなる、何ぞ幸いなる」。

又其の徐成之に与うる書に曰く、「向《さき》に吾が成之（徐成之）の郷党中に在《あ》るや、刻厲《こくれい》して自立す。衆皆非《そし》り笑うて以て迂腐《うふ》と為《な》す。成之、為に少しも変ぜず。僕時に稍《やや》愛敬することを知って、衆の非《そし》り笑うに従わずと雖《いえど》も、然《しか》も尚未《いま》だ成之の得難きこと此の如きを知らざるなり。今や成之の得難きことを知れば則《すなわ》ち又朝夕相与《とも》にするを獲《え》ず。豈《あに》大いに憾《うら》むべきに非ざらんや」。
之《これ》を読んで師弟切琢《せったく》の貴き情誼《じょうぎ》に感憤せざる者無からん。古来志操有る者是の如きは常なり。軽々しく慨嘆を発すべからず。自らその器の小なるを恥ずべきなり。

志というものが単なる観念や空想ではなくて、それが物事を成してゆく現実のエネルギーである時は「志気」という。

本当の「志気」は「客気」ではなくて、常に変わらざるものでなければならない。いかなる場合にも志を変えないことを「志操」とか「節操」という。

「志操」とか「節操」が出来てくると、物に動じなくなる。つまり物の誘惑や脅威に動かされなくなる。

黄宗賢は陽明が亡くなった後、自分の娘を妻《めあわ》せて陽明の後事に尽くした人であります。「王陽明、黄宗賢に与うる書（手紙）に曰《いわ》く、世衰え、俗下り、友朋中、平生最も愛敬する所の者と雖《いえど》も、亦《また》多くは頭を改め、面を換え、両端の説を持して以て俗の容《い》るる所を希《ねが》う。意思殊《はなは》だ衰颯《すいさつ》、憫《あわれ》むべしと為《な》す」——このとおりだ。平生最も愛敬する所の者といえども、世の中が堕落してくると「頭を改め、面を換え」——この頃でいうならば、保守と革新の板挟みになって、ソ連だの中共だのが景気がよくなってくると、いつの間にやら頭を改め、面を換え、看板を塗り替えて、そっちのほうへ行く。行ききることもできず、左寄りのようなことやら右寄りのようなことやら、「両端の説を持して以て俗の容るる所を希う」——どっちにも偏しない、どっちにも理解があるというようなことをいわれて、通りの良いようにと考える。その心がけ、その精神たるや、「はなはだ衰颯」——元気がない、生命がない。衰《すい》は衰え、秋風が立っているようなのを衰颯という。

諸君たちがちょっと考えても分かるだろう。終戦直後はなんでも進駐軍、進駐軍、アメリカ、アメリカでなければ夜も日も明けないと思っていると、今度はスターリンが元気が出て有名になってアメリカが受け太刀になる。ソ連がたいへんな勢いになってくると、進歩的文化人なんてのがみなモスクワのほうに向かう。モスクワに行ってきたとか、モスクワに理解があるとか……、つまり共産党・共産主義というものに傾いておるとか、理解があるとかいうふうにならないといけないように思う。しかし、それにもなりきれないで、「私は親米ではないが、親ソでもない、私は中立だ」などと言う。「中立だけれどもアメリカにも理解がある。ソ連にも理解がある」などと言う者に対して、「一体お前は何だ」と言いたくなる。こういうのがずいぶん増えましたね。

そのうちにソ連と中共が仲が悪くなって、中共がよくなった。この頃は一番中共が流行《はや》る。すると中国を軽蔑していたような者がにわかに中共礼讃を始める。そういう何が何やらわからないような文化人・進歩主義者、この人たちが一番「本当の自分」というものを持たないのだ。これは「俗の容るる所を希う」であって、「意思殊だ衰颯、憫むべし」だ。こういうのが一番可哀そうだ。

それに比べると「吾兄の若《ごと》きは」——君のような人物は、「真に道を信ずる之《これ》篤《あつ》く、徳を執《と》る之弘《ひろ》しと謂《い》うべし」——みな徳などということは忘れてしまい、堕落してしまっている、道を信じない。風の吹き回しで都合よくいこうという。君は違う。「君の如きは真に道を信ずる之篤く、徳を執る之弘しと謂うべし。何ぞ幸いなる、何ぞ幸いなる」
と言って、実は世間から頑固だとかなんだとか言われて、世と容れないで寂しがってお
る黄宗賢に非常な理解というか、あるいは共鳴、すなわち「知己の言」を与えている。こ
ういう手紙をもらったら諸君も嬉しいだろう。
「又その徐成之に与うる書に曰く、向《さき》に吾が成之の郷党中に在るや刻厲《こくれい》して自立す」――
一所懸命に深刻に努力して、自立す。「衆皆非《そし》り笑うて以て迂腐《うふ》と為す」――迂腐は迂遠
で腐っている、古臭い。なんだ彼奴《きやつ》はいっこう時勢の分からない古臭い迂遠な奴だ、とみ
な悪口を言って笑った。ところが「成之、為に少しも変ぜず」――ちっとも変わらない。
自分の信ずることを修めて少しも俗流に迎合しない。「僕時に稍《やや》愛敬することを知って」
――愛すべき、敬すべき人物だ、ということはわかっておって、だから「衆の非り笑うに
従わずと雖も」――みんなが徐成之を非ったり嘲《あざ》笑ったりするのには一緒にならなかった
が、「然《しか》も尚未《なおいま》だ成之の得難きこと此の如きを知らざるなり」――しかしその時は、まだ
君がそれほど得難い人物であるということまでは知らなかった。「今や成之の得難きこと
を知れば」――今日になって君が実に現代に得難い人物だということがわかったのだが、

そうなると残念なことに、「又朝夕相与《とも》にするを獲《え》ず」——別れ別れになってしまって日夜切磋琢磨《せっさたくま》することができない。陽明がこの時、役をやめて去りますので、別れ際の手紙です。「朝夕相与にするを獲ず。豈《あに》大いに憾《うら》むべきに非ずや」——まことに残念なことではないか。

志気と節操

これも嬉しい手紙だ。「之《これ》を読んで師弟切琢《せったく》の貴き情誼《じょうぎ》に感憤せざる者無からん。古来志操有る者是の如きは常なり。軽々しく慨嘆を発すべからず。自らその器の小なるを恥ずべきなり」——志操・志というものが単なる観念や空想ではなくて、それが、ちゃんと物事を成していく現実のエネルギーである時は「志気」という。これが時々えらい元気なものになったり、あるいはウヤムヤではっきりしない、当てにならないというような状態になる時は、これを「客気」という。当てにならない元気、ちょっとお客に来ているだけの客気ではいけない。

本当の志気は客気ではなくて常に変わらざるものでなければいけない。我々の志は、始終グラグラ移り変わるものであってはいけない。いかなる場合にも志を変えないことを「志操」とか「節操」とかいうが、この「操」という意味は「操《と》る」「にぎる」ということだ。我々の理想はちゃんと握っておらなければいけない。手放していてはいけない。そういうのを「志操」という。なにか衝撃や圧迫があるとヘナヘナするようでは客気であって、本当の気節、節操ではありません。

そこで気節・志操というものが出来てくると、物に動じなくなる。つまり物の誘惑や脅威に動かされなくなる。そういう外物の誘惑や脅迫に対し毅然として動かず、所信を断行する、そういう実行力と正義、不義に対する抵抗力、すなわち胆をもっておるところの見識を「胆識」という。志気は志節であり、節操であり、胆識になってくれば立派だ。「あいつなかなか感心だなあ」というううちに、何か少し圧迫されると、へなへなしてペシャンコになる、というのでは駄目だ。それにはやはり学問しなければいけない。いくら頭があり天分があっても、学ばなければ、すなわち友を持ち師を持ち愛読書を持ち、苦しんで学ばなければ、どうしても本物にならない。

文明の没落

人間というもの、文化というものの真の根本は、孟子《もうし》の言ったとおり、みずからが自らに反《かえ》る、「自反」ということである。その自分というものを忘れたり、いい加減にして、いたずらに外に趨《はし》る、外物を追う、自ら自らを疎外するということは、すなわち人間が人間を疎外するということである。そこからあらゆる迷いや間違いや、いろいろの問題が起こってきて、人間が人間に反《そむ》く、自反の反が、そむくという反になる。そして文明もそれこそ文迷になり、やがては文冥になる。今や、そうなりつつある。

第一次世界大戦の終わりに、世界に非常なセンセイションを起こしたオスワルド・シュペングラー（Oswald Spengler 一八八〇～一九三六。ドイツの哲学者）という人がいる。『西洋の没落』（直訳すると「沈みゆく黄昏《たそがれ》の国」）という書物を書いて、人類の歴史は文明の没落史である、文明は滅びるということを痛論している。彼は明確に、ヨーロッパ文明はいま有頂天になっているけれども、やがて滅びるのだということを断言して、ヨーロッパにおいてたいへんな物議を醸《かも》した。

ところが第二次大戦に際して、名高いアーノルド・トインビー（Arnold J. Toynbee 一八八九～一九七五。イギリスの歴史学者）が『歴史の研究』Study of Historyという大著を出して、これがまた非常なセンセイションを起こした。これも実はシュペングラーと同じことなのであるが、彼は、ヨーロッパ人、イギリス人として、この輝かしい今日の文明が――主としてヨーロッパが中心だが――やがて同じように滅亡するというシュペングラーの結論には耐えられない。なんとかして救いの道はないものかと苦心しているうちに、彼が偉大なる暗示を得たのが東洋の易の哲学である。その陰陽の原理、陰陽相待の理法というものに非常な暗示を得た。

そして、このままでは文明は滅びるけれども、人間には慧智というものがある。もしよく歴史の通則、かくすればかくなるということを知って、人間の良心と慧智に従ってこれを改めるならば、この文明は救われるという、一条の活路を開いた。けれども、それは「人間の良心や慧智に従うならば」ということであって、一般人はなかなかそれに従わない。ことに文明の末期になるというと従わない。それでみすみす型のごとく頽廃し滅亡してゆく。それはなに故かというと、結局「自ら自らに反る」、これを根本とすることを忘れて、いたずらに物欲を追い、その結果、自分が自分を疎外して失ってしまい、人間が人間を疎外して非人間的になり、いろいろの頽廃堕落、不安闘争というようなことを深刻にしていたら、これは滅びざるを得ない。

だから小にしては個人個人の生活から、大にしては人類の文明というものに至るまで、徹底して要約していえば「自反」――自らに反る、という一言に尽きる。もし本当によく自分が自分に反って自立することができれば、それこそ永遠の存在、永遠の平和、永遠の確立というものがあるのだが、それがなかなか難しい。せめて一人でも多くそういう人物が出れば、また、そういう信念、そういう学風、そういう躾《しつ》け、そういう傾向というものが広まってくれれば、少なくともその国・その民族は救われる。これが人間の栄枯盛衰、民族の興亡の根本原理というものであろう。

第七章　閑是非・閑煩悩を省了す〈王陽明〉

王　爾《なんじ》の口は是非を言う能《あた》わず。爾の耳は是非を聴く能わず。爾の心は還能《なおよ》く是非を知るや否や。

答　是非を知る。

王　此の如くんば、爾《なんじ》の口、人に如《し》かず、爾の耳、人に如かずと雖《いえど》も、爾の心は還《なお》人と一般なり。

茂、時に首肯拱謝す。

王　大凡《おおよそ》人は只是れ此の心なり。此の心若《も》し能《よ》く天理を存すれば、是れ箇の聖賢的《の》心なり。口言う能《あた》わずと雖《いえど》も、耳聴く能わずと雖も、也《また》是れ箇の不能言不能聴的《の》聖賢なり。心若《も》し天理を存せざれば、是れ箇の禽獣的《の》心なり。口能《よ》く言うと雖も、耳能《よ》く聴くと雖も、また只是れ箇の能言能聴的《の》禽獣なり。

茂、時に胸を扣いて天を指す。

王　爾《なんじ》如今《いま》父母に於ては但《た》だ爾の心の孝を尽くし、兄長に於てはただ爾の心の敬を尽くし、郷党鄰里宗族親戚に於てはただ爾の心の謙和恭順を尽くし、人の怠慢を見るも、嗔怪《しんかい》を要せず。人の財利を見るも貪図を要せず。ただ裏面に在って、爾が那《そ》の是とするの心を行のうて、爾が非とするの心を行のうなかれ。縦《たと》え外面人爾を是と説《い》うも也《また》聴くを須《もち》いず。爾を不是と説うもまた聴くを須いず。

茂、時に首肯拝謝す。

王　爾の口、是非を言う能《あた》わざるは多少の閑是非を省了す。爾の耳、是非を聴く能わざるは多少の閑是非を省了す。凡《およ》そ是非を説《い》えば便《すなわ》ち是非を生じ煩悩を生ず。是非を聴けば便ち是非を添え、煩悩を添う。爾の口、説う能わず。爾の耳、聴く能わず。多少の閑是非を省了し、多少の閑煩悩を省了す。爾別人に比すれば、快活自在に到れること許多《あまた》なり。

茂、時に胸を扣き天を指し地を蹈む。

王　我如今《いま》爾に教う。ただ終日爾の心を行ない、口裏に説くを消《もち》いず。ただ終日爾の心に聴いて、耳裏に聴くを消《もち》いざれ。

茂、時に頓首（稽首）再拝するのみ。


先に陽明の非常に印象に残る尊い手紙を読んだが、ついでにここに面白い記録がある。ユーモラスで、しかも胸を打たれる天下の奇文ともいうべきものである。それは陽明が、楊茂《ようも》という聾唖《ろうあ》者と筆談をして、この楊茂に非常な感激を与えたという記録である。

聾唖の徳

それはかねて陽明先生のことを知った聾唖の楊茂が、どうして知ったのか、とにかくお目通りに出た。やはり道心があったものと見える。しかし相手が聾唖でどうにもならないので、陽明先生は筆をとってこう言った。「爾《なんじ》の口は是非を言う能《あた》わず」――良いとか悪いとか言うことはできない。口がきけないのだから……。また「爾の耳は是非を聴く能わず」――何が善いとか、何が悪いとか、そういう批判というものを聞くことができない。人を批評することもできず、また人の批評を聞くこともできないが、それでも「爾の心は還能《なおよ》く是非を知るや否や」――何が善いか、何が悪いかという善悪《よしあし》がわかるか、と尋ねられたところが、聾唖の楊茂君が「是非を知る」と答えた。これはわかる。

そこで陽明先生が「此《かく》の如くんば、爾の口、人に如《し》かず、爾の耳、人に如かずと雖《いえど》も、爾の心は還人と一般なり」――それでは、お前の口は人のように言えない、耳は人のように聞こえないけれども、お前の心はそれでもなお人と同じでないか。一般（一緒）ではないか。そう言われて嬉しかったとみえて、「茂、時に首肯拱《きょう》（こう）謝す」とある。うなずいて拱謝す。両手の指を組み合わせてお辞儀するときは拱揖《ゆう》、これを拱すという。拱拝とか拝拱という。楊茂はわかったのだろう。うなずいてお辞儀をした。

そこで陽明先生さらに、「大凡《おおよそ》人は只是れ此の心なり」――細かいことはしばらく措《お》いて、おおよそ人間というものは心だ。人の人たる所以《ゆえん》は心に在《あ》る。肉体は動物もみな持っている。欲望、これは動物もみな持っている。ただ人間の人間たる所以は、他の生物と違う点はといえば、これは心だ。だから「人は心だ」と言っても少しも間違いではない。

天理

「此の心若《も》し能《よ》く天理を存すれば」——天理というものは、「天」は大いなる造化、万物を創造し、万物を化育してゆく。一切万有はその中に在《あ》る。それを「天」という。今日でいうならば、自然と人間とを一貫するものが「天」、そのなかに厳として存在するところの神秘な深遠な理法——それによって存在し、それによって活動している、それが無ければ存在活動が無い所以《ゆえん》のものが「理」、ことわり、即ち「天理」。天理によって宇宙も人間も存在しているのである。自然科学はこの「天理」を物の面から追求していった。宗教とか道徳とかいうものは、「天理」を心の面から追求していって把握し証明したものだ。それが「天理」である。

「此の心若し能く天理を存すれば、是れ箇の聖賢的《の》心なり」——的は「の」という意味だから、「聖賢的心」は「聖賢の心」である。人の人たる所以は心に在るのだが、その心がよく天理を存すれば——つまり人間はときどき天理を無視するが、そうではなくて、お前の心が何が天理〈自然と人生を通ずる原理原則〉であるかということを認識し、それに従う心があれば、これは聖賢の心と同じだ。聖賢の心だ。

「口言う能《あた》わずと雖《いえど》も、耳聴く能わずと雖も、也《また》是れ箇の不能言不能徳的《の》聖賢なり」——

言うことはできない、聴くことはできないだけの聖賢である。「心若し天理を存せざれば、是れ箇の禽獣的《の》心なり。口能く言うと雖も、耳能く聴くと雖も、また只是れ箇の能言能徳的《の》禽獣なり」――能言能聴の禽獣にすぎない。

こう言われたので楊茂《ようも》はよほど嬉しかったとみえて、「茂、時に胸を扣《たた》いて天を指す」――眼に見えるようだ。何も言えないから、感動して胸を叩いて、そのとおりです、わかりました！　というわけだ。

さらに一歩を進めて陽明先生は、「爾《なんじ》如今《いま》父母に於ては但《た》だ爾の心の孝を尽くし、兄長に於てはただ爾の心の敬を尽くし、郷党・鄰里・宗族・親戚に於てはただ爾の心の謙和恭順を尽くし、人の怠慢を見るも、嗔怪《しんかい》を要せず」――何だってそんなことをするんだと腹を立てる、叱る・怒る・怒鳴るというのは嗔怪。嗔怪を要せず。「人の財利を見るも、貪《たん》図《と》（あるいは貪図《どんと》）を要せず」――貪《むさぼ》り、はかる。人の財利を見ると、俺もほしいと、奪ってでも得ようとするようなことをしない。「ただ裏面に在って」――表立たぬ内にあって、「爾が那《そ》の是《ぜ》とするの心を行のうて、爾が非とするの心を行なうなかれ。たとえ外面、人、爾を是と説《い》うも、また聴くを須《もち》いず。爾を不是と説うも、また聴くを須いず」――たとえ上っ面《つら》だけ世間の人間が、お前はいいと言っても、それはとり合っていないので、そんな人が上っすべりなことを言っても、聴く必要はないし、またお前のことを、いけないと言っても、上っ面だけのことならば、お前の良心に響かぬことなら、何も聴く必要はない。

「茂、時に首肯拝謝す」――うなずいて拝謝した。拱謝が拝謝となっている。拱謝というのは、ただ両手を拱《こまぬ》くだけだが、拝謝となると、身をかがめて拝《おが》むわけだ。感動がだんだん深刻になっていく情景が躍動している。

人間の進歩というものは、偉大なる発明発見でも悟りでも、すべてインスピレーションとか感動から始まる。ただし感動するためには、我々の心の中に感受性がなければならない。感受性というものは、自分が充実しなければ出てこない。放心したり、自分が自分を忘れていたら、これはあるわけがない。

閑是非を省了

さらに歩を進めて陽明先生曰《いわ》く、「儞《なんじ》の口、是非を言う能《あた》わざるは、多少の閑是非を省了す」――お前の口が善いとか悪いとか言うことができないのは、考えてみると、多少の閑是非、つまり善いと言ってみたところで悪いと言ってみたところで、たいしたことではない、どうでもいい批評・批判、そんなものを省いてしまう（省了）ことができる。たいていの人間は、毎日ウダウダ言っているけれど、たいていは無意味なこと、どうでもいいこと（閑是非）を言っている。どうでもいいことを聞かされ、どうでもいいことをしている。忙しい忙しいと言っているけれど、本当に考えてみたら実はどうでもいいことが大半である。

「爾の耳、是非を聴く能わざるは、多少の閑是非を省了す」――お前の耳は善いの悪いのということは聴けない。それは実はこれまた聴いても聴こえなくても、どうでもいいようなことです。そういうことを省くことができる。

感動と感受性

「およそ是非を説《い》えば便《すなわ》ち是非を生じ煩悩を生ず」――善いの悪いのというようなことを言うと、それからして、善いの悪いのという問題が起こって、いろいろの煩い・悩みが生じる。「是非を聴けば便ち是非を添え煩悩を添う」――善いの悪いのと聞かされると、やはりそれにつれられて、善いの悪いのということが増えてくる、煩悩がそれに伴って増してくる。「爾《なんじ》の口、説う能《あた》わず。爾の耳、聴く能わず。多少の閑是非を省了し、多少の閑煩悩を省了す」――お前がお前の耳には聴けない、お前の口には言えない聾唖《ろうあ》であるということは、考えてみればずいぶん無駄な是非、無駄な煩悩を省けることになる。「儞、別人に比すれば、快活自在に到れること許多《あまた》なり」――こうしてみると、お前は耳も聞こえる、口もきける他の人間にくらべたら、お前のほうがよっぽど快活自在、愉快じゃないか。こうした指摘は、ちょっと人の気のつかぬ面白いことである。これを聞いて楊茂《ようも》としては嬉しかったろう。「茂、時に胸を扣《たた》き天を指し、地を踏む」――いかに感動して勇躍したかがわかる。

こういう感動が人間に一番尊いことである。無感動な人間ほどつまらぬものはない。よく世間で、あいつは熱がないとか、いっこうに張り合いがないと言うが、電気が伝わらないような人間は、実際つまらない。よくある無内容な人間になると、せっかくいい話をしてやってもキョトンとしている。話が通じない。これくらい情けないことはない。

人間の進歩というものは、そういうインスピレーション、感動から始まる。偉大な発明発見でも、あるいは悟りでもそうです。みんな感動がないといけない。だから悟道はもちろんのことであるが、発明・発見の歴史などは、たいてい研究室の中で一所懸命勉強している時には何も得ないんだね。いろいろな発明家が体験を語っているように、何ごころなく景色のよい所にきて天を仰いだとか、星の流れるのを見てハッと思ったとか、あるいは思いがけなく鳥が鳴いたとか、朝起きてみたら満目白皚々《がいがい》、雪が積もっておる、そのうちにズシッと庭の松の梢から雪が落ちた。その時、愕然として衝撃を感じ、それでハッと悟りを得た、ヒントをつかんだ、といったようなことからみな始まるものだ。

これは男同士の交わりでもそうだ。本当の知己などというものは、たいてい初対面の時のショック、衝撃が多い。恋愛でもそうだ。瞬時の霊感だ。それから生ずる出会いも恋愛も、つきつめてみると同じようなものだ。だから人間には感動が一番大事。我々の心の中に感受性があるということが大事である。感受性というものはやはり自分が充実しなければ出てこない。放心していたら、自分が自分を忘れていたら、疎外していたら、これはあるわけがない。

聾唖者は、聞こえない、言えないから、どうしたって自分に反《かえ》るほかない。自己を疎外していない。だから純真に自己を持っているから、かえってよく感ずるわけである。盲人にときどき天才がいる。塙保己一《はなわほきいち》（一七四六〜一八二一、江戸後期の国学者）などは学問でも天才だが、あれは盲目のお蔭かもしれない。

それはともかく、多少の閑是非を省了すると、人生の無駄なことを省くことができる。聾唖もありがたいではないか。だから楊茂という聾唖者が、そういうことを聞くと本当に感動することができたのだ。その感動の有り様が短い言葉で躍動している。面白い文章だ。

それから、この閑是非を省了すという「省」の字をよく味わなければいけない。人生のことは、これを要約すればこの一省の字に尽きるといってもよい。

「省」の意義

「我日に我が身を三省す」（論語学而篇）――三たび我が身を省みる。三たびというのは一、二、三ではなくて、たびたびという意味だ。たびたび自分を省みる、と読んでいるが、あれは「省みる」と読んだのでは五十点の値打ちしかない。なぜかというと、少なくとももう一つ大事な意味がある。それは「省《はぶ》く」という意味だ。「省みる」で五十点、「省く」で五十点、合わせて百点だ。「かえりみ・はぶく」では煩しいから、そこで音で「ショウ」とか「セイ」と読むのです。

人間の生活というものは本当に一「省」字に尽きるので、たとえば我々の健康とはどういうことか、生理とはどういうことかといえば、一「省」字に帰することができる。たとえば我々の細胞は、いろいろの営みをする。ある種の細胞は、放っておくと非常に増長する。わがままをやる。ある種の細胞は非常に萎縮する。

これは人間と同じだ。ある種の人間は野放図に横着に出しゃばる。でたらめをやる。ある種の人間はいじけてなにもしない。そういうのは萎縮細胞の多い人間だ。増長細胞の多いやつは、放っておいたらなにをするやら分からない。そこで人間の生理機能の中には、増長するものを抑えて、萎縮するものを励ます、というような調節機能が営まれている。その一番代表的な働きがホルモンの作用だ。ホルモンといえば性的なことばかりに考えるが、それは一つの機能にすぎない。一番大事なホルモン機能は、その調節作用にある。それは結局、悪いもの、無駄なものを省くという作用をしている。つまり生理というものは「省」という一字に尽きるのだ。

果断・果決

植物の栽培でもそうだ。植物というものは放っておいたら、どんどん枝を出し葉を茂らせて派生してゆく。ところが、あまり派生して枝葉が茂ると、木の生命力は衰える。そこで枝葉を幹に結び、根に蓄えるために剪定《せんてい》ということをする。いったい植物には根に帰する、つまり幹に根に精力を蓄積させようとする働きがある。それでその働きに乗じて植木屋・栽培家はチョキチョキと枝葉を剪定する。

いい果物を生《な》らそうと思えば、間引かなければならない。鈴なりに生らしては駄目だ。それは木を疲れさせてしまって果物も不味《まず》くなる、木も弱くなる。そこで「果断」という言葉がある。これは果物を間引くということだ。この果物一つが五十円になるんだがなどと考えてケチケチして鈴なりにしておくとみな駄目になる。だから目をつむってチョキンとやる。そうすると五百円にも五千円にもなる。一文惜しみの百知らず、そこを勇気を出してやるのが「勇断」、そして「果決」、――果物を決する、間引く、ちぎるということだ。

木の五衰

「木の五衰」ということがある。これは栽培家、植物学者が昔から言うことである。これを近代では幸田露伴が『洗心録』という本の中に面白く書いてある。「木の五衰」の一つは「懐《ふところ》の蒸《む》れ」。枝葉が茂ることだ。枝葉が茂ると風通しが悪くなる。そうすると、そのために木が弱る。ちょうど我々が密室に閉じこめられたのと同じである。弱るから、どうしても根が「裾《すそ》上がり」つまり根が浅くなってくる。根が上がってくる。そうすると生長が止《と》まる、伸びなくなる。頭（梢）から枯れてくる。これを「末《うら》枯れ」という。末というのは梢（木末）という意味だ。梢が枯れてくると「末止まり」生長が止まる。その頃から、いろいろの害虫がつく。「虫食い」。つまり生長が止まって、だんだん上から枯れてくる。そうするとだんだん幹だけになり、根だけになる。こういうふうに「懐の蒸れ」から始まって、根が上がってきて「裾上がり」、そして「末止まり」生長が止まって、「虫食い」虫が食って、そして枯れる「末枯れ」。これを「木の五衰」五つの衰えという。

人間の五衰

人間もそうだ。いろいろの欲ばかり出して、すなわち貪欲・多欲になって修養しない。つまり省しない。そうすると風通しが悪くなる。つまり真理や教えが耳に入らなくなる。善語・善言を聞くということをしなくなる。そうすると「裾《すそ》上がり」といって、人間が軽薄にオッチョコチョイになってくる。そうするともう進歩は止まってしまう。すると悪いことにばかり親しむようになる、虫が食うのだ。つまらないやつにとりつかれ、そして没落する。これは「人間の五衰」だ。だから植物の栽培もこの省という一字に帰する。

「省みる」ということは、別にいえば「省く」ということだ。それによって人間本来の進歩・向上力が生まれる。すなわち克己だ。己に克《か》って励む――『論語』の言葉でいうならば「克己復礼」である。

克己復礼

人間の道徳も同じことだ。人間は放っておくと、いろいろのことを考え、いろいろのことをやる。いわゆる「閑是非」に追われる。それは結局、人間精神を衰えさせることであるから、そこで人間には良心・理性というものがあって、こういうことを考えてはいけない、こういうことをしてはいけないという、つまり反省、省みることによって省くことが行なわれる。「省みる」ということは、別にいえば「省く」ということだ。それによって人間本来の進歩・向上力が生まれる。すなわち「克己」だ。己に克《か》って励む、これが『論語』の言葉でいうならば「克己復礼」――礼に復《かえ》る、あるいは礼を履《ふ》む。克己の「己」は閑是非・閑煩悩だ。それに克って、礼すなわち精神の全体の調和に復る。復は履と同じで、履む・実践するという意味にわざわざ難しく解釈する説もあるが、どちらでもよい。これはつまり「閑是非を省了する」ことだ。

民衆の良心を代表する指導階級の人々が、民衆の代わりに省みて、余計なことを省く。これが政治だ。だから役所のことを省という（大蔵省、外務省……）。よって役人というものは、つまらないことを省けばよいのだ。ところが役人は省でなくて冗をやる。

政治における「省」

政治も同じことである。政治において、ちょうど我々の一般の欲望に該当するものが民衆だ。民衆というものは放っておくと皆テンデンバラバラ勝手なことを考え、勝手なことを喋って勝手なことをする。いわゆる閑是非を際限なくやる。そうすると紛糾し混乱し衝突し破滅する。そこで民衆の良心を代表する指導階級の人々が、民衆に代わって、「こういうことを考えてはいけない、こういうことをしてはいけない、こういうことをしなければならない」という、いわば良心・理性の役目をする。そうして民衆を統制する。つまり省く。民衆の代わりに省みて、余計なことを省く。これが政治だ。

だから中国から始まって日本に移ったのであるが、役所のことを省という。大蔵省、外務省、法務省、〇〇省と、省というのは「省みて省く」ということから始まっている。だから役人というものは、よく民衆に代わって反省して省けばよいのだ。つまらないことを省けばよいのだ。余計なことをよく考えずにやる。閑是非をやることは、濁音をつけた冗《じょう》のほうである。ところが役人は省でなくて冗をやる。文部冗、大蔵冗……かくて冗費ばかり多くなる。

つまり天地の間の性理、生成発展の理法というものは、農業でも生理でも、あるいは政治でも道徳でも同じことだ。人間万事「省」の一字に帰することができる。そこに真理、したがって学問というものの深遠な妙味がある。それを考えると、この一文は非常に意義深い名文であり、奇文であり、一読忘れられない面白い文献である。文字どおりの文献（賢）である。文愚ではない。この頃、文献（賢）ではない文愚が多い。くだらない文章が多いが、これは本当の文献だ。

人間が自分に反《かえ》るということは、心に反ることだ。心に反って考えると、人は窮することはない。世は治まらないことはない。文明は滅びることはない。

「爾《なんじ》の口、説《い》う能《あた》わず。爾の耳、聴く能わず。多少の閑是非を省了し、多少の閑煩悩を省了す。爾、別人に比すれば、快活自在に到れること許多《あまた》なり」――お前、耳が聞こえん、口がきけないということは、そういうことができる人間にくらべたら、どれくらい愉快なことか。そこで感激した楊茂《ようも》は、「時に胸を扣《たた》き天を指し地を踏む」――地だんだ踏んで口惜しがるというが、これは地だんだ踏んで喜んだ。愉快だ。

そこで王陽明が、「我如今《いま》爾に教う」――お前に教えてあげる。「ただ終日爾の心を行ない、口裏に説くを消《もち》いず」――口でいう必要はない。「ただ終日爾の心に聴いて、耳裏に聴くを消いざれ」――耳で聴こうなんて考えなくてよい。幸いにしてお前は耳が聞こえない、口が言えない。それを耳で聴こう、口で言おうなんて考えるな、そんな必要はない。お前の心で聴き、心で言えばいい。「茂、時に頓首（稽首）再拝するのみ」――しきりにお辞儀して拝んだ。繰り返し拝んだ。

これは非常に我々を教えるね。凡人は不幸にして目が見え、耳が聞こえ、口が言えるものだから、失敗ばかりする。ということを考えれば、くだらん人間は聾唖《ろうあ》者になったほうがよほど救われるかもしれない。人間の救いというものは、どんなところにあるかわからない。

こうして人間が自分に反《かえ》る。自分に反るということは、心に反ることだ。心に反って考えると、人は窮することはない。世は治まらないことはない。文明は滅びることはない。ところが心が自分に反らない。自分を棚に上げてしまう、外にばかり向かう。そこからいろいろ問題が起こってくる。特に己に反らぬ、心に反らぬ、心を無視する、心にそむく。これは人類を直ちに邪悪に導く。ようやくこの頃、そういうところに眼が刮《ひら》いてきた人が増えてきましたが、今までは明の勢いというもので暗《くら》まされていた。

マルクスの実像

きわめて賢明な先覚者の間にしか言われていなかったことの一つは、マルキシズム・共産主義というものの批判である。徹底して言うなら共産主義の問題である。共産主義などというイデオロギーは、これは専門家、少なくともよほど高い教養をもった知識人でなければ分からない。佐藤慎一郎先生のお話の中にもあったように、中国七億（当時）の大衆のうち、その九〇％あるいは八五％は読み書きができないといわれておる。その連中にマルクス・レーニン主義が分かるわけはないのです。中国人どころか、日本の知識人などといわれる連中でも、共産主義というものの思想的・

理論的な理解などというものは果たしてどれだけあるか——皆そんなものかなあと、耳で聞いて口でひとかど分かったように言っている「閑是非」にすぎない。

ただマルクス・レーニン主義がどうあろうが、マルクス・レーニン主義が由って立つ内面性・根底、徹底していうならマルクスその人をよく観察する。そこに反《かえ》るのが一番正しい。そして一番必要なことだ。ところがマルクスを研究する者はみなマルクスの『資本論』だなんだという「文」ばかり見て、「献」すなわちマルクスという「人」を見ない。マルキシズムを知る前に、まずマルクスの人間を見なければならない。ところがマルクス研究家が皆マルクスという人間を知らない。これは驚くべき盲点・欠陥です。

マルクスという人間はどういう人間であるか。マルクスは世界の流行児となったが、これは一つの時の運、めぐり合わせというやつで、あのように有名になった。もしもレーニンの革命が成功しなければ、マルクスはこんなに有名にはならなかったでしょう。フランス革命の成功によって自由主義というものがいっぺんに世界化したように、ロシア革命によって、それまでごく一部の間にヒステリカルに用いられていたマルキシズムというものがたちまち世界化して、マルクスが有名になった。有名になると皆これを神格化してしまう。毛沢東と同じことだ。だからマルクスは偉い人だというふうに書き立てるものばかりができてしまう。

マルクスを元祖とする共産主義者がどういうものかということは、理論の書物よりも実際にそのマルクス主義、マルクス・レーニン主義を実行に移したソ連とか中共とか、その他の共産政権国家の実体・実情、彼らが何をしたかという実績、これを調べれば一番よく分かる。世界的に旅行者などが増えて、研究者が実地を踏むようになって、だんだんそれが分かってきた。ことに各国の首脳部が往来するようになって、それが次第にはっきりしてきた。そういう権威ある人々の実地の観察記録、あるいはそれに基づく文学作品などを見ると、かえって経済学だの社会学だののマルキシズムよりはよくわかる。

それよりもなによりも、マルクスの手紙を通じて、マルクスの家庭、マルクスとその友達との付き合い、そういうマルクスの私生活を見ると、遺憾なくマルクスという人物が表れている。それによって見るマルクスは、最も忌むべき最も厭うべき人物だ。人間としてこれは悪人である。

さればこそ、当時パリやロンドンに集まったいわゆる革命志士・亡命家・革命家といわれる者の中で、誰からも嫌われたのはマルクスだ。これは実際だからどうにもならない。ところが彼と正反対の人がいる。それはイタリア労働運動の父ともいうべきマッチーニ(Giuseppe Mazzini 一八〇五〜七二。イタリアの革命家)という人だ。彼はパリやロンドンに集まった革命家の誰からも尊敬され敬慕された人です。

もしこの労働者・労働組合の指導者、守り神にマッチーニがなったならば、ずいぶん世の中は救われたろうと思う。ところがマッチーニはあまり振るわない。彼は生まれ故郷であるイタリアのゼノアでも、あるいはローマでも市民葬になった人だが、レーニンのロシア革命が成功したものだから、マルクスのほうが有名になった。

マルクスはなぜそんなに人に嫌がられたかというと、彼は人を愛するとか、人に報いるとか、人に尽くすとか、人を助けるとかいうようなことのまったくない、人を憎む、人を怨む、人を呪う、人をやっつけるというような修羅道の権化のような人間だった。彼は自分の女房以外は、人を愛するとか、人を助けるとか、人と和するなどということはできなかった。だからマルクスは非常な窮迫した人だった。

その窮迫は、世の中が悪くてマルクスが窮迫したように言うけれど、そうではなくて、マルクスの場合は多分に彼の性格による。自分で自分の幸福を叩き壊してしまう。その第一の原因は、人との関係が彼の手によって壊されるからである。そもそも彼は友達というものを持つことができなかった人です。それは彼の手紙でわかる。

その手紙などを収めたマルクス全集のドイツ語版では、マルクスがドイツ人だものだから、そこは身贔屓で、マルクスが有名になるにしたがって、マルクスの悪いところをみな除外している。マルクスの手紙などでも都合の悪い箇所はみな没にしている。

ところで面白いのはロシアである。今日マルクス・レーニン主義の本山になっておるソ連では、モスクワに堂々たるマルクス・エンゲルス研究所というものができており、そこから『マルクス・エンゲルス全集』が出版されている。そこにはマルクスの手紙が一つも隠蔽されずに、修正されずに、原文のまま編集されておる。これは面白い皮肉だ。そこでまた、なかなか目先の利《き》く意地の悪いシュワルツシュルトというドイツ人がいて、これがそのロシア版の『マルクス・エンゲルス全集』の中からマルクスの手紙を引き出して、それに基づいてマルクスの伝記を書いている。面白い本だ。

それを読むと、マルクスたるや、もうご免こうむるほかない人物であるということが、彼自身の手紙に躍動している。第一、彼のお父さんが――これは弁護士さんで真面目な人だが――マルクスがまだボンの大学生時代に彼にやった手紙の中で、こういうことを言っている。「お前はかつて友達というものを持たない。かつて友達の話をしない、噂をしない。お前のような年頃の者が友達を持たない、友を語らないということは、これは容易ならざる欠陥である、問題である」ということを書いている。これは実に面白い手紙だ。

しかしドイツ語版ではそれを抜いている。なるべくマルクスを神格化するように書いてある。それを日本ではさらにマルクスを偉いものにしておる。大内兵衛などという人が代表者だ。これらの人々は毛沢東と同じようにマルクスを神様のように思っている。

このマルクスは親父が目をつけたとおり、生涯友というものがなかった。たった一人エンゲルスがいるが、こういうのは人生の不可思議なる因縁というのか、彼は蛇ににらまれた蛙みたいにマルクスに呑まれてしまっている。それでも、そのエンゲルスもマルクスと一度絶交しかねまじき喧嘩をしている。それはエンゲルスが妻を亡くして非常に悲観していた時に、マルクスはろくに悔みも言わないで金を寄こせという手紙を書いたときである。それでエンゲルスが、「お前みたいな奴はもうご免こうむる」とばかりに非常に怒った。

これにはマルクスも辟易して言い訳しているが、とにかく彼は友達という友達と喧嘩した。喧嘩をして悪口を言って罵って、そのまた罵り方が悪罵毒舌いたらざるなしという驚き入ったものだ。それればかりではなしに、彼の友達の手紙の中にあるが、マルクスという奴は、なにげなく話をしていても、一緒に飯を食っていても、酒を飲んで一杯機嫌になると、突然テーブルをドンと叩いて、前に坐っている男に、「オイ、貴様をやっつけるぞ！」と言うそうだ。何でやっつけられるのだか、相手はわからないのでポカンとしてしまう。そういう癖があったという。やはり彼は多分に性格異常者だったのだ。

彼の妻はプロイセンのウェストファーレンという男爵でプロイセンの内務大臣などになった人の妹である。これは良い婦人だったようだが、マルクスのためにさんざん貧乏させられて病気をして、まことに気の毒な死に方をした。マルクスはプロレタリアの神様みたいにいわれているけれども、彼はおかしい人だ。彼がその妻に作ってやった名刺に、「プロイセンの内務大臣・ウェストファーレン男爵の妹・マルクス夫人ジェニー」と書いてあったという。こんなことは書く必要はないですね。そういうところを見ると、彼は非常に虚栄心が強かったことが分かる。

また自分は恋愛結婚をしたが、自分の息子や娘の恋愛には非常に意地の悪い干渉をしている。それも、いつも彼が執拗に追及したり悶着を起こすのは、相手の経済的条件がどうかということだった。私生活、個人的にはあれくらい非プロレタリア的・反プロレタリア的人物はいない。それがプロレタリアの神様になっているのだからおかしなことだ。このシュワルツシュルトがそういうことを『赤きプロシア人――マルクスの伝説と生涯』という本に詳しく書いている。

マルクス主義者の共通性

それだから、マルクス主義者には、どこかマルクスと共通性がある。そういう共産党員が政権を握ったクレムリンのやり方とか北京のやり方というものは実に憎悪と復讐の権化だ。その点ではスターリンも毛沢東も同じである。スターリンなどは、晩年のレーニンが非常に嫌がった。なんとかしてスターリンを退けたいと思ったが、逆にスターリンにやられてレーニンが先に死んでしまった。毛沢東もそういう意味においては実に非人間的で残虐な人物です。この毛沢東が長征といって、蔣介石《しょうかいせき》の国民政府軍から江西省の瑞金を追い出されて、長征万里と逃げまわって行くところがなくなって、結局陝西省の延安に入った。彼を延安に迎え入れて彼を保護した、彼からいえば足を向けて寝られない恩人、それが高崗《こうこう》（一九〇五〜五五、中国共産党幹部）です。ところが毛沢東はこの高崗を粛清してしまった。

この前、日本に来ていた、中国人ではたった一人のキリスト教カソリックの大司教になっている于斌《ウーヒン》という立派な人がいる。この人はカソリック教徒を使って、共産党政権になってから、中国の各省から各県まで入って実情を調査し、その報告をまとめている。共産党政府によって直接粛清の名において殺された者は七百万人と共産党政府は発表している。ところが直接粛清された者のほかに、それに関連して強制労働とかなんとかいう名目で死んだ者、自殺した者、餓死した者を合計すると一億人をくだらない、と于斌さんは私に言った。

ソ連も同じこと。チャーチルが戦後初めてスターリンに会って雑談したとき、スターリンがコルホーズを作って農業の集団化政策をやった時に、農民の反抗に遭い、その際に殺されたり流刑されたりして死んだ農民の総数は三千万といわれるのだが、「あのコルホーズ政策に対する農民の集団的反抗にはあなたもずいぶん困っただろう」とチャーチルが言ったら、スターリンが、いかにも無造作に「人間の代わりはいくらでもいる」と嘯《うそぶ》いておったという。それでチャーチルは、「実に憎むべき奴だと反感を覚えた」と語っている。これらは共産党の共通性です。こういう人たちが指導した革命闘争というものは、過激派、ボルシェヴィキと言われるくらい惨憺たるもの、強烈なものである。これは世界中スターリンからカストロに至るまでどの国でも共通だ。それは共産党員というものが、人間性の点で共通するそういう悪魔的なものを持っているからで、これがどうしても共産主義革命が許せない所以《ゆえん》です。やはりどこまでも人道主義、今日でいうならば自由主義・民主主義でなければいけない。

それで、共産党関係の有名な文献を一つ引いて結論をつけておいた。

第八章　天網恢々、疎にして漏らさず〈老子〉

何人も心を打たれる大きな事件が頻発する現代世界に、またとかく雑然紛然として毎日を空費しやすい日々の生活に、最も大切なことの一つは、時に独りになって静座し黙想することである。社会の現状はほとんど個人の反省や自由を許さないほど圧倒的な力を以て千変万化してゆくようであるが、たまたま少し静観する余裕を持つと、案外それも古来変わらぬ単純な理法に律せられているようである。

老子に「天網恢《かい》々、疎《そ》にして漏らさず」（漏が失になっている書物もある）という名言がある。天の打つ網はめがあらいようでも、ちゃんと逃さないものだという意味であるが、この頃つくづくこの語の妙味に感嘆する。天の作《な》せるわざわいは逃れることはできても、人のしでかしたわざわいは逃れることはできない〔書経〕。自業自得である。「自由」の名の下に「放縦」に走った人々は見る見る窮して破滅に陥っている。「民主」を仮って大衆を利用した人々はたちまち混乱と堕落に困っている。

マルクス・レーニン主義の型にはまってしまった共産主義者には、二十世紀後半の激しい社会変化の実相がもはや見えなくなってしまった。世界史の不可抗的な本流に逆らって難航を極めているのはかえって共産党の面々であることは、古い共産主義から目覚めた人々が、たとえばユーゴーのチトーの盟友で、今は悔悟を深め、決然死を以てその反省批判を書き綴っているジラスも痛切に肯定している。革命建設を看板にする権力の争奪は他のいかなる時代よりも醜悪深刻を極め、人民の名を偽る暴政は人民に依る暴動となって、ついに「共産政権は政府と人民との間の潜在的内乱の一形態」（ジラス『新しい階級』）となっている。

少し長い目で観るとき、少し深く事実を洞察するとき、因果応報の理は厳としていささかも違うことはない。我々同学は眼前の浮雲のような現象や、紛々《ふんぷん》たる曲学阿世《あせい》

の論に少しも惑う必要はない。平常心是れ道である。

「何人も心を打たれる大きな事件が頻発する現代世界に、またとかく雑然紛然として毎日を空費しやすい日々の生活に、最も大切なことの一つは、時に独りになって静座し黙想することである」

そうでないと、始終自分というものを外界に奪われがちである。自分が空っぽになる。その自分を取り返さなくてはならない。それには、都会生活や多忙な仕事、事務生活をしておればおるほど最も大切なことの一つは、ときどき一人になって静座し黙想することである。

「社会の現状はほとんど個人の反省や自由を許さないほど圧倒的な力を以て千変万化してゆくようであるが、たまたま少し静観する余裕を持つと、案外それも古来変わらぬ単純な理法に律せられているようである」

たとえば今日の文明の弊害・欠陥というものを根本的に考えてみると、孟子《もうし》の「自反」――自ら反《かえ》るという一語、この理法に律せられていると言ってよい。

「少し長い目で観る時、少し深く事実を洞察する時、因果応報の理は厳として聊《いささ》かも違うことはない。我々同学は眼前の浮雲のような現象や、紛々《ふんぷん》たる曲学阿世《あせい》の論に少しも惑う必要はない。平常心是れ道である」。宇宙と人間を通ずる天理、人間の原理原則、すなわち人道の原則というものに立って物を考えていけば間違いはない。

理知よりも情意

そこで先に、人間の要素ということをお話しした際に、人間の本質的要素は徳性というもので、いかに必要でありかつ立派であっても、知能だの技能だのというものは属性であり、付属的な要素だと申しましたが、人間内容の別の面から言いますと、理知と感情、別言すれば頭と胸と腹ということをよく言う。これはいかなる民衆にも分かることだろう。

人間には頭と胸と腹というものがある。よく昔の人は、「あれは腹ができておる」と言った。ところが若い人はよく「胸が熱くなる」とか「胸が痛くなる」と言う。ところが現代に近づくほどあまり腹とか胸とか言わなくなって、頭、あたまと言うようになった。これは時代の変遷をよく表している。頭(=知)と、胸・腹(=情あるいは情意)のどちらが人間にとって本質的であるか、どちらが根幹でどちらが枝葉であるかといえば、これは言うまでもなく情意である、頭ではない。

頭も深い直観になるほど、本当の頭です。論理的・概念的ないわゆる理屈っぽくなるほど皮相である。皮相という言葉は非常に面白い言葉だ。上っ面ということである。大脳生理学が発達するようになって、理知などというものは上っ面の作用だということがわかってきた。我々が理知と言っているものは、大脳皮質、つまり脳の皮の部分で行なっている。その皮質にも古い皮質と新しい皮質とがあることが最近わかってきた。

ところがこの大脳皮質の働きが、本能を所管している脳の幹部から遊離すると、いわゆる屁理屈になってしまう。浅薄な理知になってしまう。大脳皮質の働きが脳の根幹とよく結びつき、一体になると、この論理的・理知的機能が直観的になってくる。そうなってくると本当の智慧というものになる。

だいたい理知というものは皮相に走りやすい。だから情操というものと渾然と融合した人間を作ろうと思えば、自分に反《かえ》らねばならぬ。自分に反るということは、より多く情意を養わねばならない。意志力・実行力、感情の美しさ、豊かさ、これと結びついた知能でないと本当の知でなくなる。これと遊離した知なんてものは実に危ない。

いつも言うのだが、知という字を疒（やまいだれ）の中に入れて痴（馬鹿）という字ができている。ちょっと考えれば、欲という字を入れればよさそうに思えるが、そんな字はない。あるいは感情の情という字を入れればよさそうだ。感情は盲目だ。ところが知という字が入っている。

概念的論理の愚

私がよく引用する笑話がある。しかしこれは単なる話ではない、実際の事件であり、ちゃんと記録にある。それはアメリカのペンシルベニアで、インテリ紳士が自殺した。係官が遺書を調べたところが、原因がはっきり書いてある。それによると、事件は最近その紳士が後妻をもらったことから始まる。紳士には父親があった。その父親は連れ合《あ》い（紳士本人からいうと母）を亡くして、不自由な暮らしをして、紳士と一緒に住んでいた。ところがその紳士の後妻が一人娘を連子《つれこ》してやってきた。そこで父親と後妻母子との間がうまくゆけばよいがと心配しながらもらった。ところが非常にうまくいった。うまくいった結果とうとう自殺した。

それはこういう理由だった。すなわち父親が、紳士の後妻の連子を自分の後妻に直したからである。彼はそれでわからなくなった。なんとなれば、わが父はわが子の夫だから、わが子だ。わが父は即ちわが子だ。わが娘はイコールわが母だ。そうなると、娘の母、つまりわが妻は母の母だから、わが祖母だ。すると我はわが子の子なるが故に孫だ。わが父はわが子にして、わが娘はわが母なり。わが妻はわが祖母にして、我はわが孫なりということになる。

これを具体的に応用すると、いろいろなことがわかる。今日の学者・思想家・評論家などというのは、要約するとこういうのが多い。それが理論だとか知識体系になってくると、一般人には分からなくなる。それを突き詰めてみると、これに帰することが多い。

もっと簡単な例をいえば、論理学の第一頁の三段論法というのを見るがいい。A＝C、B＝C、故にA＝B。これが三段論法です。これは抽象化・符号化したからこれでよい。原理原則になるわけだ。それだからといって、これを具体化したら、とんでもないことになる。人は動物なり、犬は動物なり、故に人は犬なりなんてことになる。

こんなことはすぐ分かるが、これが理論になってくると、分からなくなる。ソ連は共産党政権である。中国も共産党政権である。共に繁栄している。故に日本も共産党政権になれば栄えるだろう。こういうのはこれと同じだが、内容はまったく違う。スターリンは偉い。毛沢東は偉い。共産党の首脳部はソ連でも中共でも皆しっかりしている。だから日本が共産化したって、しっかりやればいいんだ。こういう理屈を言う人がよくいる。大事なことを抜いてしまって、三段論法をやっている。こういう人はずいぶん多い。こういう理論は実に危ない。

どうしても、自ら志を立てて実践するという心構えとか根本的生活態度というものを確立しないと、なにを言っても空論である。いかなる期待される人間像も理想社会もみな空論・幻影である。だから人間は機会あるごとに、己に反《かえ》って己自らが考える。王陽明と楊《よう》茂《も》の聾唖《ろうあ》の問答でいうならば、常に「多少の閑是非を省了」する必要がある。

諸君はこれからだんだん世の中に出て、複雑煩瑣な多忙な世の中に活動してゆかなければならない。よほどこの自主独立の信念・哲学を持たないと、いつの間にか魂は裳抜けの殻、自分というものを失ってしまって、わけのわからぬことになりやすい。よって常にこういう学問を怠らないように、この得難い縁、勝縁というものを大切にして、これを遠い道の因、ありがたき因、勝因として、そして勝果を結ぶように絶えず心がけていただきたいと思う。

編輯瑣話

本書は三篇からなっている。第一篇の「人間学とは何か」は昭和三十三年二月二十六日〈先生六十一歳〈数え年〉〉、全国師友協会の機関誌「師と友」の百号記念大会にあたり、「全国師友協会とその教学」と題しておこなわれた記念講演の記録である（会場は東京・虎の門共済会館）。多数の同人が一堂に相会した機会に、先生が年来提唱してきた教学の根本精神を宣明された本書の総論にふさわしい講演である。

人間にとっては「知識の学」より「智慧の学」、「智慧の学」より「徳慧の学」が本質的に大切である。そして徳慧の学、すなわち人間学こそ文化の源泉であり、民族興隆の基盤である――これは戦前・戦後を通じ一貫して変わらぬ先生の教学的信念であった。

先生は人間学の二大条件として、

①窮して困《くる》しまず、憂えて意《こころ》衰えず、禍福終始を知って惑わざること〈荀子〉

②自靖・自献――内面的には良心の安（靖）らかな満足、外に発しては世のため、人のために自己を献げること〈書経〉を挙げておられる。

第一次大戦後、日本人は唯物的、功利的、デカダン生活をほしいままにし、思想的には懐疑的、破壊的、虚無的風潮に染まった。満洲事変以後は軍部や外地、内地の有志の間に、功名富貴、手に唾《つばき》して取るべしという野心が蔓延し、これが大いに国を誤った。革新運動自体も歴史的、伝統的な人間学を喪失して、近代の非人間的イデオロギーと、それにカモフラージュされた野心に毒され、遂に敗戦という大破滅をもたらした。今日の危局に対処するには各自が mature mind 練れた心を養い、大いに人間学を興し、人材を輩出せねばならない——と先生は力説しておられる。今日、北朝鮮や中国、ソ連に対する一部の政治家の露骨な功名心に駆られる姿を見るにつけても、古今一軌、まことに寒心に堪えないことである。

東洋哲学の精粋

第二篇「東洋哲学の精粋」は昭和三十六年七月（先生六十四歳）、第三回全国青年研修会において「東洋哲学講座」と題し、四回にわたり行なわれた講義の記録である（会場は東京・大塚仲町の中央開拓会館）。

第三篇「達人の人生哲学」は昭和四十年七月、日光の田母沢会館で開催された第七回全国青年研修会における講録である。第二、第三篇はいずれも関西師友協会の機関誌「関西師友」に五年間にわたり連載されたものである。

第一回の青年研修会が中央開拓会館で開催されたのは昭和三十四年七月二十四日（三泊四日間）であった。この年から七月には青年研修会が、八月には教育者を主とした師道研修会が毎年つづけて開かれるようになった。

戦後十数年たったこの頃になると、青年研修会には戦前に先生の薫陶《くんとう》を受けた金鶏学院の門下生や日本農士学校の卒業生の子弟がぼつぼつ参加するようになった。先生から見れば孫弟子たちである。そういうわけで、青年研修会における先生の講義は、一般の人々に話される時とはまた一味違って、身内に接するような親近感が漂い、息子や孫に対して諄々として噛んで含めるような懇切丁寧で、分かりやすいものであった。

これらの講義を通して特に注目されるのは、心を尽くして本来の自己を自覚し〈尽心、尽己〉、天から与えられた使命を知り〈知命〉、自己の運命を確立する〈立命〉という一連の人間革命、自己維新の原理である。先生はこの尽心、知命、立命の学を「東洋哲学の生粋である」とし、「もし政治家、事業家、教育家それぞれの人々が真剣に自分というものを究明したら、この世を一変するくらい何でもない。戦争や革命をしなくても、維新、維《こ》れ新たなりで、十分に人間生活、民族生活、人類の生活は日進月歩してゆく筈だ」と述べておられる。

この点が、自分を棚上げにし勝ちな革命家や社会改造論者との本質的な相違といえるであろう。戦前戦後を通じ、先生が一貫して説きつづけられたのは、いかに政治組織や法令制度を変革しても、人間自身が変わらない限り世界平和〈万世の太平〉は実現しない。革命・改革の大前提は人間革命、自己維新であり、これこそがあらゆる社会改造、国家維新の精神的基礎でなければならないという一点であった。それは長年師友会に拠って提唱してこられた世直し行・一灯照隅行の根底をなすものであったといえるであろう。

風懐雲山――田母沢会館と安岡先生

昭和三十七年、青年研修会が開催された日光の田母沢会館はよほど先生の心に契《かな》ったとみえて、翌年から研修会はこの地で催されることになった。全国師道研修会の方も、三十九年からは同じく日光で開かれるようになり、毎年七月と八月、この地に臨講することを先生はすこぶる楽しみにしておられた。

田母沢会館は、大正天皇が特に愛好なさった御用邸跡である。鬱蒼たる翠緑と清冽な渓流に恵まれたこの清寂境が先生はいたく気に入って、会館の正面玄関に自から「風懐雲山」と大額を揮毫されたほどである。ここでは幾首もの詩や歌を詠じておられるが、その風懐を偲ぶよすがとして、二、三を紹介しよう。

朝々論道故宮中　　朝々　道を論ず　故宮の中
夜々談詩興不窮　　夜々　詩を談ず　興窮まらず
晴好雨奇千万趣　　晴好　雨奇　千万趣
渓声山色憶蘇翁　　渓声山色　蘇（東坡）翁を憶う

偶去塵寰返自然　　たまたま塵寰《じんかん》（人間世界）を去って自然に返る

深林長谷転幽玄　　深林　長谷　うたた幽玄
相逢黄石*赤松子　　相逢う黄石　赤松子
心契逍遙客亦仙　　心契　逍遙　客もまた仙
　*黄石（公）、赤松子、共に『史記』留侯世家に出てくる仙人。（以上、昭和三十七年）

細流依旧繞閑庭　　細流旧によって閑庭をめぐる
苔石幽林亦有霊　　苔石幽林　また霊有り
一百学人相次到　　一百の学人　相次いで到る
水雲深処共研経　　水雲深きところ共に経を研す（先哲の教えをきわめる）

見れど飽かぬ　この山川の　朝な夕な　書《ふみ》ふところに　たもとほらなむ
田母沢に　わが訪ひくれば　百鳥《ももとり》の　心あれかも　庭にしき啼く
人寝《い》ねて　庭のせせらぎ　しみじみと　ふみのともし火　ふけにけるかな　（昭和三十八年）

一歳光陰一夢中　　一歳　光陰　一夢の中
重来故館臥清風　　重ねて故館に来《きた》って清風に臥す
山雲渓石皆親旧　　山雲　渓石　みな親旧
参集諸生非阿蒙　　参集の諸生　阿蒙に非ず

向つ峯《ほ》に　かかる白雲　森かげに　ひびく渓水《たにみず》　心あるかも
見れどあかぬ　山に向ひて　独り坐す　窓辺に鳥の　何か語れる
我れはもよ　人にしあれば　汝《な》が語る　言の葉会《え》せぬ　ことのうたてき
夏座敷　勾欄《こうらん》（てすり）めぐる　せせらぎの　心も遠く　山に向ひぬ
崖清水《がけしみず》　したたる岩に　白百合の　あまり潔《きよ》きに　ぬかづきにけり　（昭和四十年）

猶存社の頃

　第一篇の中で、先生は学生時代に、沼波瓊音《ぬなみけいおん》教授の紹介で交わりを結んだ猶存《ゆうぞん》社の北一輝、大川周明、満川亀太郎、永井柳太郎、中野正剛諸氏との邂逅について触れておられる（実は大川周明博士はこの百号記念大会の少し前に逝去し、一二月一五日、先生は青山斎場で弔辞を述べている）。

　この頃、安岡青年を酒井忠正伯爵（のち金雞学院院長）に紹介した原田政治という人物があった。原田氏は安岡先生と共に酒井伯の邸がある金雞園の中に東洋思想研究所を設立し、当初は「東洋思想研究」誌の発行人となっている。この原田氏は明治三十二年の生まれだから、先生より一つ年下だが、当時、北一輝のもとに出入りしていた。北は彼に益満《ますみつ》休之助（幕末薩藩の蔭の橋渡し男）と渾名をつけたといわれ、大正、昭和の政財界裏街道を遊泳した政治浪人ともいうべき人物であった。晩年にはステッキを手にしてしばしば東京・西新宿の師友会事務所に先生を訪ねていた。先生とは何でもずばずば遠慮なく語り合える、いわゆる爾汝《じじょ》の交わりであった。この原田氏が昭和五十八年一月に亡くなった時に、臨終の際の故人のたっての希望が伝えられ、先生が葬儀に駆け付け、白布を除いて永訣された。

葬儀のあと間もなく『論策・饒舌余滴』という遺稿が刊行されている（昭和五十年十月一日）。この中に「安岡正篤と私」と題する対談記録があり、筆記者は『よみがえる北一輝』の著者・長谷川義記氏である。その興味深い条《くだ》りを摘録してみると——

酒井忠正（伯爵）の邸内に亜細亜文化研究所（このあと安岡先生主宰の東洋思想研究所となる）をつくったことについて、

原田　「かねて、華族荒らしを考えていた私は、早稲田の穴八幡の階段に坐りこんでいると石本恵吉（男爵、加藤シヅエ女史の最初の夫君、師友会の同人）が通りかかった。そこで石本をつかまえて一席弁じたてたところ共鳴を得た。私はアジア問題について吹きこんだわけだが、これから近衛公に紹介され、そして酒井忠正伯に紹介された。酒井邸の、あの小堀遠州がつくった広大な庭園を見てまわっていると一角に洋風建の空き屋があった。あとでここが私の事務所になったのだが、北一輝に話すと、『原田が酒井雅楽頭《うたのかみ》（雅楽寮の長官）の邸を乗っ取った』といって手を叩いたのをおぼえている。……それから北については安岡正篤のことで、すず子夫人が一緒のときだったが『安岡さんはおとうさん（註、北のこと）の若いころにそっくりだ』と言った。両方とも天才だというのだろう」

築地吉兆で佐藤栄作と安岡正篤と一緒のとき、原田は両者の面前で先生を指し、
原田「この人は泥田に入らず」というと、
佐藤「帝王学の人だ」とこたえた、という。

ここでは北一輝が安岡正篤を宮中へ入れようとした秘話について言及があり、安岡先生は身をのり出すようにして言った。

安岡「沼波瓊音を通して、安岡を宮中に入れ杉浦重剛のようにしようとする話はたしかにあった。変革にはまず宮中に入れるものが必要ということだったろう……牧野伸顕《しんけん》の意を受けて薩摩浪人小森雄介が内話にやってきた。小森はあるとき島津ハル子氏を招《よ》び私に会わせた。そして二人だけにして自分は座をはずした。島津ハル子氏は二人きりになると、『この内話はおことわりになるのがよろしい』と言った。私はかねてこの話は承《う》けないことにきめていたので、うけない立場をつらぬくことにした。結局、北と大川がわかれたとき、この計画はダメになった」

大川周明は牧野伸顕に近い。北一輝は大川にもこのことを話していたのであろう。後年大川が仏魔一如から北の天皇観について熱心に弁護したすじは、このことをふくんでのものだったと思われる。安岡先生は泥田に入らないといわれるが、実に炯眼《けいがん》深慮の人物だった。先生は北、大川の確執を知り、その帰趨もまた読んでいたにちがいない。〔饒舌余滴〕

――当時における先生の意中を忖度《そんたく》すると、

①当時の日本は、明治維新後、五十数年も経っていて、あらゆる組織、制度が固定し、宮中の雰囲気も第一次大戦後の頽廃した風気の影響をうけて停滞していたであろうこと。

②たとえ白面の一青年が侍講職に就き、気鋭の革新的意見を唱えたとしても、維新直後の元田永孚《もとだえいふ》の立場のように、その背後にあって強力にバックアップする薩長藩閥のような支持勢力が現実に存在しなければ、改革の実効をあげることは至難であったろうこと。

③それよりも何よりも、当時先生が世に問うた『日本精神の研究』の緒言に「世間あるいは私を以て漢学者とみなし、かくのごとき道業を私の学のために邪道とする者もある。しかしながら、もしいわゆる学者たることが魂の自由なる飛翔を封ずるものであるならば、私は生涯学者たることを断念するであろう。私はただ自我の奥殿を通じて廓然たる自由の天地に出たいために、縁にしたがって儒に入り、更に道釈（老荘思想と仏教）にも泛濫《はんらん》し、また西洋哲学にも聴き、神道に参するを楽しむ者である」と述べているように、宮中に入ることを承けなかった最大の理由は、思想と行動の自由を制限され、束縛されることに堪えられなかったからであろう。

本書の第一篇に「人生というものは宇宙の旅、いわゆるマゼラン航路にひとしい。自然の致るところ名山大川があるように、古今東西、いろいろ英雄哲人碩学賢師がある。そういう尊い人、その教学を生きている間にできるだけ遍参し、これを楽しもうという道楽趣味が非常にあるのであります」と述べている。先生は生涯野に在って道に遊ぶ、いい意味での道楽者・極道者でありつづけたかったのであろう。

昨年九十一歳で亡くなられた日本アラブ協会の会長・中谷武世氏も、東大で先生の一年後輩であり、猶存社時代の同志である。先生の最晩年に何度か事務所に安岡先生を訪ねてきて、先生との対談記事「猶存社・行地社当時を偲んで」をその主宰する月刊「民族と政治」に掲載している。この中谷氏の『昭和動乱期の回想』（上巻）をみると、氏は沼波教授と同行して猶存社に北一輝を訪ね、安岡先生を紹介しているが、「後で北一輝が私に『彼こそまさに帝王の師たるべき人物だ。あんたは大変な人物をつれて来てくれたね』と、優れた人材を同志の陣営に加え得たことを非常に悦んでいた」と記していることも参考のために書き添えておく。

ひょう少年余聞

宿命と運命の問題に関連して、富士山麓の御殿場で先生と仲良しになった精薄のひょう少年の話が出ているが、いつであったか先生から聞いた話――。

「私は若い頃から奇妙に馬鹿や気狂いから好かれるんだ。私自身にそんな要素があるから共鳴するのだろうか――。御殿場でのある夏の日、ひょうが『せんせーい』と私を呼んで遊びにきた。ちょうど机に向かって書き物をしていた私は、振り返って『何か用か？』と聞いた。ところが、書き物に熱中していたので、よほど険しい顔つきをしていたと見えて、ひょうは私を見るなり何ともいえぬ悲しい表情で『わい、先生が好きや』と一言いうなり、ベソをかきながら帰っていった。

彼は格別に用があって私を訪ねてきたわけではない。ただ、わけもなく私が好きで遊びにきただけなのだ。それを『何か用か？』と問い返すとは、なんという心ないことを言ったものか、とつくづく反省させられたね」

これを聞いた瞬間、先生との距離がぐっと縮まった感じがして、はからずも胸奥の一端を垣間見る思いがしたことである。

講録を通じて「いつも対面」

この後記を書いていて、ふと『伝習録』の序文を思い出した。『伝習録』は王陽明の弟子たちが筆録した師の語録と、陽明が弟子や知友に与えた書簡を集録したもので、序文の筆者は「王門の顔回」と称された徐愛《じよあい》である。『伝習録』の本文も、上巻の最初の十四条は師のことばを徐愛がつぶさに書きとめたものである。陽明はこの筆録について「自分の言葉は医者が症状の異なる病人に対して応病施薬するようなもので、初めから一定の処方があるわけではない。それを弟子たちが完璧に出来上がった訓（成訓）として墨守するならば、他日自他を過《あやま》るであろう」と、自説の固定化、形式化を恐れ、当初は必ずしも筆録することに賛成でなかった。

これに対して徐愛は「いつまでも先生のお側にあれば筆録の必要はないが、弟子たちがいつの日か先生のお側を離れた場合、手本（儀形）とすべき先生が在《おわ》さぬと、私のような愚か者は、筆録された先生の言葉にいつも対面（時々対越）して、自分を警《いまし》め奮発しなければ、意志が挫け学問を怠るであろう（摧堕靡廃《さいだびはい》）」と筆録の必要性を強調し、「吾が儕《ともがら》、先生の言において苟《も》し徒《いたずら》に耳に入り、口に出してこれを身に体せずんば、則ち愛のこれを録するは実に先生の罪人なり」と記している。

師の教えに対する敬虔で真率な心情が溢れている。

徐愛はさらに続けて、「能《よ》くこれを言意の表に得て、これを践履の実に誠ならしむれば、則ちこの（筆）録や、もとより先生終日これを言うの心なり」（言葉の奥にある真意を汲みとり、これをわが身に実践して行くなら、この筆録も先生にとって、孔子が顔回と終日語ったのと同じ心のものとなるであろう）と述べている。

せっかくこの講録が上梓される上は、徐愛先醒の爪の垢でも煎じて、せいぜい瓢堂先生の罪人とならぬよう、私はただ戒心するばかりである。あなかしこ。

平成三年四月

山口勝朗

瓢堂会世話人

※この作品は一九九一年五月に刊行されたものを新装版化しました。
著者の表現を尊重し、オリジナルのまま掲載しております。

カバー・表紙写真: ©bigy9950-Fotolia.com

[著者紹介]

安岡正篤（やすおか　まさひろ）

明治31年（1898）、大阪市生まれ。
大阪府立四條畷中学、第一高等学校を経て、
大正11年、東京帝国大学法学部政治学科卒業。
東洋政治哲学・人物学の権威。
既に二十代後半から陽明学者として
政財界、陸海軍関係者に広く知られ、
昭和2年に㈶金雞学院、同6年に日本農士学校を創立、
東洋思想の研究と後進の育成に従事。
戦後、昭和24年に師友会を設立、
政財界リーダーの啓発・教化につとめ
歴代首相より諮問を受く。58年12月逝去。

〈主要著書〉「支那思想及び人物講話」（大正10年）、

「王陽明研究」（同11）、「日本精神の研究」（同13）、

「東洋倫理概論」「東洋政治哲学」「童心残筆」

「漢詩読本」「経世瑣言」「世界の旅」「老荘思想」

「政治家と実践哲学」「新編百朝集」「易学入門」ほか。


〈講義・講演録〉「朝の論語」「活学1～3」「東洋思想十講」

「三国志と人間学」「運命を創る」「運命を開く」

「論語の活字」「人物を創る」「偉大なる対話」

「人間学のすすめ」「干支の活字」ほか。

[新装版]《しんそうばん》安岡正篤《やすおかまさひろ》 人間学講話《にんげんがくこうわ》

知命《ちめい》と立命《りつめい》

二〇一五年八月一八日　第一刷発行
二〇二三年八月　二日　第三刷発行

著者　安岡正篤
発行者　鈴木勝彦
発行所　株式会社プレジデント社
〒一〇二-八六四一
東京都千代田区平河町二-一六-一
平河町森タワー一三階
https://www.president.co.jp/
https://presidentstore.jp/
電話　編集　〇三-三二三七-三七三二
　　　販売　〇三-三二三七-三七三一

装丁　岡　孝治
編集　桂木栄一
販売　高橋　徹　川井田美景
制作　関　結香
印刷・製本　中央精版印刷株式会社

落丁・乱丁本はおとりかえいたします。

ISBN 978-4-8334-2142-3 Printed in Japan